棠味

邓义坤作品集

邓义坤 著

吉林出版集团股份有限公司

图书在版编目（CIP）数据

棠味：邓义坤作品集 / 邓义坤著 . — 长春 : 吉林
出版集团股份有限公司 , 2019.1
ISBN 978-7-5581-5848-3

Ⅰ . ①棠… Ⅱ . ①邓… Ⅲ . ①中国文学—当代文学—
作品综合集 Ⅳ . ① I217.2

中国版本图书馆CIP数据核字(2018)第231197号

棠味：邓义坤作品集

著　　　者	邓义坤	
责 任 编 辑	齐　琳　　史俊南	
责 任 校 对	周　骁	
封 面 设 计	刘　伟	
开　　　本	880mm×1230mm　　1/32	
字　　　数	155千字	
印　　　张	7.5	
版　　　次	2019年1月第1版	
印　　　次	2019年1月第1次印刷	

出　　　版	吉林出版集团股份有限公司
电　　　话	总编办：010—63109269
	发行部：010—85173824
印　　　刷	北京盛彩捷印刷有限公司

ISBN 978-7-5581-5848-3　　　定价：48.00 元

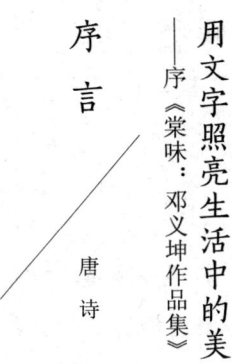

序言

——序《棠味：邓义坤作品集》

用文字照亮生活中的美

唐诗

世界大文豪、苏联大作家高尔基曾说："照天性来说，人人都是艺术家，他无论在什么地方，总是希望把美带到他的生活中去。"

从这样一个角度来看，我认为散文作者邓义坤就是一个善于在生活中发现美，并且把美带到了生活中的艺术家。他是一个以文字之美来照亮生活中的所见所闻与所感的艺术家。因为心里有阳光，才能给别人阳光；因为心里有美，才能发现生活中的美。因此在美的人眼里，他会发现生活中处处充满美，甚至他可以把生活中的痛苦变为甜蜜，肮脏变为美好，地狱变为天堂。从邓义坤的这部作品集中，我们可以清楚地发现在他的笔下，文字闪闪发光，生活中的一切都是那么美好，美在自然、美在质朴、美在真挚，文字照耀下的棠城之美、真情之美、趣味之美纷纷呈现在我们眼前。

一、棠城之美

邓义坤的散文中，有很多篇幅是抒写家乡——重庆荣昌之美的。据史料记载，盛唐在经历了安史之乱后，整个庞大的唐帝国由盛转衰。为了强化对地方的统治，劫后余生的唐朝当政者对全国的行政区划进行了调整，这次调整与荣昌这块土地密不可分。唐乾元元年（公元758年）朝廷批准划出泸州、普州、渝州、合州、荣州、资州六州部分辖地，设置昌州，下辖昌元、大足、静南3县。昌州，雅称"棠城"，又称"海棠香国"，这或许就是为什么今天中央直辖市——重庆市所辖的荣昌区、永川区、大足区都在称自己为棠城或海棠香国的缘故吧。唐朝设立昌州时，昌元县的设置，是荣昌地域正式建县的开始，从此荣昌这个寄予着繁荣昌盛之意的地名，就与这块土地紧密相连。

荣昌这块土地从唐至今已有一千多年的历史。这块土地上，人杰地灵，称雄神州大地，山川风物让人流连忘返。因为唐以前的史料或毁于战乱，或毁于自然灾害等原因，荣昌区在唐宋时期的资料很难查找。据有限的资料显示，荣昌从元代至今的名人有：抗元忠臣赵昂发，天下清官、明朝刑部尚书喻茂坚，明朝兵部侍郎（追赠尚书）刘时俊，明朝兵部尚书喻思恂，近代蜀军都督张培爵，喋血台儿庄的抗日英雄王麟，近代文化战士柳乃夫，当代中央电视台高级编导邓在军，国家科委副主任、学部委员赵宗燠，中央党史办副主任、著名党史专家李新，东方梵高、国画家陈子庄，世界书画名人、诗书画三绝易华伦，青年作曲家刘青，影视演员李晨浩等。

应当说作者邓义坤对这块土地是熟悉的、热爱的，更是情有独钟的。在紧张的工作之余，他挤出时间钻书堆，查资料，勤思考、善笔耕的他写出了一系列具有棠城风味的散文。这些作品从不同侧面展现了其家乡荣昌的各种美丽。

他写濑溪河之美："20世纪90年代初，我从学校分配到荣昌城……因为有河，城市就有了灵动的眼睛；因为有河，城市就插上了腾飞的翅膀。"
　　　　　　　　　　　　　　　——《濑溪河水映虹桥》

他写荣昌城之美："我暗自庆幸可以不走出这座城市就能够触摸到大自然的肌肤，呼吸到各种植物吐露的新鲜气息，赏到大自然的各种美景，也许城市与自然的结合，就是最美城市的真谛。"
　　　　　　　　　　　　　　　——《昌州故里看海棠》

他写百竹园之美："竹子本身就可形成一种风景外，还与人们酷爱竹子的操守与高节是分不开的……百竹园是有园无门，是老百姓真正可入园休闲的绝佳之地。百竹园，乃百姓之园，更乃幸福之园。"
　　　　　　　　　　　　　　　——《百竹园》

他写铜鼓山之美："当我们看到山上正在兴建脉络相连的水路管网和那些向远处延伸的水泥石路时，我想这未尝不是铜鼓山人正在纺织自己未来的美丽的梦想呢，那往山上或往远处延伸的管网，石阶路不就是一种希望之路吗？"
　　　　　　　　　　　　——《铜鼓山上绽放的油菜花》

他写荣昌陶之美："在鸦屿山下有一块绵绵二十里的玉带陶

土，其烧制出来陶用品具有'红如枣，薄如纸，亮如镜，声如磬'的特点，所以荣昌陶又被称为四大中国名陶之一。'安富场五里长，排列泥精列成行'，'前山矿子后山炭，中间窑烧陶罐罐'……这些从宋、清代就开始流传的民谣，栩栩如生地描绘出当时荣昌生产陶器的规模和销售的盛况。因此，荣昌又被称为中国三大陶都之一。"

目之所及皆为我所用，神之所思都为我所意。不用更多地列举，荣昌的方方面面都在他的视线之内，荣昌的山山水水都在他的胸怀之间。邓义坤散文之中的荣昌真可谓美不胜收，棠城风味俯拾即是。让我们不出家门就可以从他的散文中，了解到荣昌城市和乡村各个方面的变化之美，发展之美。可以说在作者邓义坤的心里，荣昌是他诗意的栖居之地，也是他抒写心灵展现抱负的灵魂之地。

二、真情之美

散文贵在"真"，"真"是散文最核心的美学特征。散文只有真情才能动人，只有真情才能陶冶人，也只有散文真情的阳光，才能照亮读者的幽暗与迷茫，痛苦与悲戚，带来喜悦与快乐……这一切无一不是靠散文作者那一缕一缕真情思，真情韵，真情感的探寻与触摸，洗涤与冲刷，激荡与撞击，才会将读者在世俗生活中浸泡的日益麻木的心灵，重新激发出崭新的活力和希望，重新锻造出崭新的慈悲和善良。

我们读邓义坤的散文，尤其是他抒写亲人的散文，在不经意间会带给我们深深的触动。《我的父亲》《大伯的抗战记忆》等文章抒写的角度新颖，语言质朴，每每读来感人肺腑。

如在《八十里路》这篇散文中，作者写道："在一个星期以前，妈妈就知道我和哥哥要放假了，她担心瘦小的哥哥有许多东西要带，怕他背不动，再加上变天了，下起了大雨，她就带上雨伞来接我们。"

作者介绍说，由于"我"和哥哥上学的路有两条，一条是古石桥路，另一条是漫水石桥路。他们两兄弟从学校出发时是分开走的不同的路，母亲接他们所走的路刚好相反而错过。

在这样的补叙之后，作者用的一个特写镜头："直到下午斜阳西下的时候，妈妈才拖着疲惫的身子，拿着被风吹破的雨伞，回到了家里。这一天，妈妈为了来接哥哥和我，一天从家到学校往返了两趟，差不多有八十多里路，都是因为不巧而错过了……"

后来，当母亲老了的时候，作者问道母亲这件事，"母亲说，她一点印象也没有了，只知道我们在外读书，生活条件很艰苦，一个星期都吃不到一次肉，听到这话，我心里很不是滋味，几乎眼泪都要流下来了。"

这样朴实真情，娓娓道来的抒写，有着直抵人心的力量，在冷静中包裹着巨大的情感容量，让我们的心随着作者的呼吸而跳动。我们一边读，一边看见一位善良慈爱的母亲，从文字闪光的背后凸显出来，显得质朴而高大，这既是文字的力量，更是真情的力量。

在这部作品集中,《陋室装修》抒写了老年人对子女的一种特殊的爱。

作者的岳父是一位部队转业的军人,无论在部队还是在地方工作,都是一位受人尊敬的领导。在工作中严格要求部下,培养了不少干部;在生活中严格管教子女,子女都非常孝顺。他一生勤俭节约,从不搞特殊化。他退休后希望子女多与他在一起生活,多在一起享受天伦之乐,就是这样简单的要求,岳父没有直接对子女们说,而是默默地悄悄地用自己的行动来表达出了对子女的这份真爱。就是为了这份看似简单,实则深情的真爱,岳父改变了一生节俭的习惯,在装修新房子时,要求把自己住的卧室装修得简单些,而将子女只是偶尔回来住的房间装修得精致豪华。

作者听见装修设计的人说:"完全是按照你父亲的意思设计的,我还简化了几个环节,要不然还要多用钱。你看,你们住的这个卧室,比起你父母住的,装修起来要多花好几倍的钱呢。其实你父亲跟我说,这次一定要把你们住的卧室装修得好一点,让你们感觉喜欢满意,就可以在家多住一点时间。唉!可怜天下父母心啊!"

紧接着作者写道:"听了那个男孩的话,我和妻子似乎都明白了什么,眼睛有一些湿润。这些年来,我们为了工作,为了自己的喜好,一直在外打拼,这也许是自己不回父母家的最好借口,然而谁又真正考虑了桑榆暮年的老人的想法和感受呢?他们一辈子养儿带女究竟是为了什么呢?岳父为了让女儿回家多住一点时间,不便开口,而是把自己一生坚守的简朴节约的好习惯都改了，变得'奢华'起来，以迎合自己儿女的喜好。"

读到这里，我们既为老人的这份"奢华"的爱感到唏嘘和感慨，又为善解人意的孝顺儿女高兴和点赞。

整部作品集中，这样朴实感人的文章比比皆是，不用过多阐释，我们已经能够很好地感知作者邓义坤以真情抒写的真人真事。他的散文在平静的叙述中裹挟着思想的冲涌之势，在冷静的书写中饱含着情感的炽热之焰，让我们知道真情可以融化凝固在人心与人心之间的坚冰，真情可以洞穿横亘在人与人之间的钢铁，让我们在这个人情冷漠的社会能够深切地感知到亲情的可贵，从浓黑的文字中透射出来的是人性的光辉，这样的光辉是这个社会最不可或缺的瑰宝。

三、趣味之美

散文最迷人最吸引读者的是它的情味韵致之美，也就是散文的美雅之"趣"。中国古人论散文，十分重视一个"趣"字，他要求散文作者写景叙事、咏物论理中，都要呈现出浓烈而又丰富的情味韵致，达到心声与天籁交融，内情与万物相生，生气与灵机闪现。在写景中见情趣，叙事中融事趣，论理中含理趣。

邓义坤的散文中，有许多是与他从事的警察工作相关。像《老利警官》《节约水电从我做起》等都是描述他在所从事的警察工作中经历的事或者见过的人，在他们的一言一行中闪烁着真善美，他们的所作所为中呈现出高大上。他的散文中没有空洞的说教，更没有貌似崇高的虚情假意，有的是一个个鲜活真实的小故事、小情节、小情思，甚至有的还是在我们这个社会中作为阴暗面存在的那一部分，但即使面对这样的一部分，作者也没有厌恶的心态，有的是包容和理解，自省与沉思。

如《月夜深深》一文中写道："听了民警的话，那位母亲似乎把儿子的一切希望都寄托在年轻的警官身上，她再也没有说话，走出了大厅。不曾想那年轻警官急急地在登记簿上签了字，转身走出大厅，追着那位母亲喊道：'阿姨，等一会儿，这么晚了，一个人回家不安全，我们送您吧！'与其随行的警官却不情愿地说，还没吃晚饭呢！我有些惊愕，这么晚了还没有吃饭？细细看了一下时间，已是深夜两点多钟了。"

读到这里，我们已经能够清楚地了解戒毒所警察所从事工作的艰辛和他们的善良，吸毒者家属的担忧和顾虑。

邓义坤并没有将笔停留于此，而是深情地写道："月夜深深，这里灯火通明，值班室又宁静了下来。那位母亲急切期盼的眼神，怎能让我安静地睡下？看来今晚又是一个不眠之夜。因为明天，路上还有一个个需要帮助的失足者等着我们为他们点亮一盏盏启明灯。"在叙事中融入了浓浓的情趣，这样的情趣真实，真实得容不得你有一丝怀疑。

又如《放置一边的包裹》从一个侧面呈现了吸毒人员在戒毒所里的特殊心声，同时又非常清晰地展现了年轻一代警官对吸毒人员的人文关怀。

作者写道："以往的民警深夜巡视，一进入那监室大门，开门响声足以让每个睡得正酣的被监管人员从梦中惊醒，巡视的民警那自由迈开的脚步，在空空的走廊上发出那很有节奏的'咚咚'声让人难以入睡。"

"我试着改变这种做法，想采取一种不声不响的巡逻方式，以便更好地发现监室的问题。进门的时候，尽量不弄出声响，在走廊上巡视时，我尽量放轻了脚步……每当我巡逻的时候，他们睡得是那样的沉，足以让我放心当晚的安全了……于是那种尽量不发出声响的巡逻方式成了我工作的常态。"

"我从一大堆杂乱的废旧杂志堆里翻出那个包裹，打开一看，里面有一个热水袋，还附了一封信：亲爱的警官！我吸了毒，进了戒毒所，常常违反室规，让你们费心了，但因为我有一个小毛病，晚上听见那'咚咚'的脚步声我就睡不着觉，是后来你的巡逻方式改变了我这种状况，让我每天晚上都能睡个好觉，这让我非常感激，这次我虽然还是被送进了康复中心，但我还是要委托我的母亲给你送上一个小小的热水袋，以便你在巡逻的时候好暖暖手……署名为一个堕落的吸毒人员。"

读到这里，某种情感击中了我们柔软的内心。戒毒所其实也是充满了浓浓人情味的地方，不再让我们觉得厌恶和害怕，尤其是对于吸毒者的心声有了不一样的感受，尽管他们染上了恶习需要强制戒毒，但是他们作为一个人基本的休息权利是需要得到保证的。作为警察的邓义坤从巡逻时的脚步声给需要休息的吸毒者带来的影响这个细节入手，给我们奉献出了一篇很好的散文，这样的散文不仅有事趣，更有情趣和理趣，我们可以从中获得很多收获。从这个视角来看，一篇好的散文，不仅有趣味，而且是事趣、情趣和理趣高度统一的。

英国作家王尔德说，美是唯一不受时间伤害的东西。无论是写棠城之美，还是抒写真情之美，趣味之美，他们都有一个共同的特征，那就是作者邓义坤在抒写这些不受时间伤害之美的时候，他所有的抒写都是自由自在的，不受拘束的。这正是因为作者邓义坤很好地掌握了散文"形散而神不散"这个精髓，他是深谙其中的道理并很好地进行了创作实践。他就像一个在文字的海洋中尽情遨游的潜水员，他遵从内心的召唤，随心所欲地将文字进行组合，就这样一篇又一篇有着邓义坤特色的散文从文字的大海中，被他轻松地打捞起来，让我们能够感受到文字上那湿漉漉的水滴与柔软，触摸到文字经历过情感淘洗后的干净与纯洁，感知到作者写作时的呼吸与脉搏，体味到文章所承载的思想与内涵。在他的文章中既有美好与甜蜜，也有犹豫与彷徨，还有苦闷与痛苦，无论他以哪种情感浇铸在文字之中，这些看似朴实的文字却构成了邓义坤散文不一样的风景，这样的风景不是每个人都能够发现和呈现的，需要作者的细心体味，深入思考，勤奋写作加上特有的才华。

"尽管我们走遍全世界去找美，我们也必须随身带着美，否则就找不到美。"美国学者、作家爱默生在《论艺术》中如此写道。是的，生活中的邓义坤就是一个自身带着美的人，因此他在这个世俗化的社会中发现了那么多自然之美、社会之美、人性之美。年轻的邓义坤还在路上，生活中还有许许多多的美需要他用手中熠熠生辉的文字去逐一照亮。

　　唐诗简介：重庆荣昌人，博士，著名诗人、文艺评论家。系中国作家协会会员、《中国当代诗歌导读》主编、中国诗歌在线总编、国际诗歌翻译研究中心荣誉主席。先后出版诗文集十余部、主编作品十余部。获中国作家出版集团奖诗歌奖、希腊国际文学艺术奖、黎巴嫩纳吉·阿曼国际文学艺术最高荣誉奖等，被授予中国十大杰出青年诗人、国际最佳诗人称号。

目 录

第二辑

月夜深深

月夜深深，这里灯火通明，值班室又宁静了下来。那位母亲急切期盼的眼神，怎么能让我安静地睡下？看来今晚又是一个不眠之夜。因为明天，路上还有一个个需要帮助的失足者等着我们为他们点亮一盏盏启明灯。

第三辑

做荣昌文化的传承者

正是荣昌具有悠久历史文化，才孕育出了无数优秀的荣昌儿女，作为荣昌人，我们应该感到自豪，但愿我们再也不要犯原来的错误，做一名切切实实的文化传承者、保护者。

第四辑

做一个有道德有品行的中国人

中国传统文化的传承发展，必将提升我们中华民族的文化自信心、自豪感。让我们在中华传统文化的洗礼、熏陶中提升自己，做一个有道德，有品行的中国人。

第五辑

做回原来的自己

当一个人置身事外，对身边的事不问不理的时候，做回原来的自己，也许幸运的事情就会在身边发生。日有所思，夜有所梦。践行诺言，付出真爱，世界一定会变得美好。

第
六
辑

一盆兰花的故事

心地善良，心存感恩，路才越走越远。

第七辑

我的父亲

父亲的纯朴、勤劳、助人是我永远学习的榜样。我爱我的父亲，我会记住父亲的话，走好自己的路。

《棠味》后记

第一辑　海棠花开

山美，水美，人更美。这里有两条河——濑溪
河、荣峰河。河水清清，秀竹依依，海棠花开。

濑溪河水映虹桥

　　20世纪90年代初，我从学校分配到荣昌城，跨越濑溪河上的一座桥，站到桥上，映入眼帘的就是一片沉寂的老城，满目萧瑟，城市的小巧和孤寂让我有些失落，一座城除了几栋砖混结构的当地高楼稀落地分布在街道的主要路口外，就那么一两条200来米长的木质框架门面街道，从头能看得见尾，城市的落寞，甚至让人觉得很有古街破败遗迹的味道。这里的不完美，并不能让我失去对它的热爱，因为有河，城市就有了灵动的眼睛；因为有河，城市就插上了腾飞的翅膀。这里的河水蜿蜒前行，绕城而过，可谓外河，它就是濑溪河，河上有座石桥，名曰小滩桥。有诗曰：

　　濑溪河水清又清，小滩路旁跨桥墩。

　　卧波千载安无恙，涛水长流永保畅。

　　桥面深深的车辙印记和古人的踏痕，足显其悠悠历史，足以见证这座城曾经的繁华与辉煌。熟悉了这里的一切，触摸到它跳动的脉搏，我们没有理由相信它不会从头再来，再创奇迹！

　　几年过去了，我也习惯了在这座城市生活，每当晨曦时分，太阳还未露头，我漫步到濑溪河边，两岸农家孤烟，四野寂寂，桥上晨雾缭绕，人在雾中行，船在桥下过，桥忽隐忽现，似蛟龙摆尾，河堤拦水坝，河池水宽宽，这就是昌州古城独有的自然条件。濑溪河是大自然绝佳的馈赠，是上天的绝色装扮，它是城市灵动的眼睛，它天天注视着这座城一起一伏的呼吸。勤劳朴实的昌州人，依托这条母亲河会有厚积薄发的时候，因为改革的春风像普济大地的及时雨。昌州这块大地也受到了改革阳光的沐浴，它正蓄势待发，生命力已开始显现。桥边的岸滩，有几位穿着时髦的男女，挥动着洗衣棒，搅动着清清河水，激起一丝丝浪花，他们要洗尽一天劳作产生的困倦和污渍，期待着新一天的开始。他们在窃窃私语，家里有了新的动向，所住的街道，所住的房屋，就要被规划，就要被拆迁，是喜是忧，他们心里充满了困惑。他们听说的不仅是街道老屋的改造，城市的扩展与延伸，河上的古石桥也要重新修建美化，家园似乎会在一夜之间消失又突然变得更加美好。然而他们担心的是暂时得不到安居，他们忧虑的是修桥会把他们天然的戏水乐园给淹没掉。我曾遇到昌元虹桥社区的一位渔家老翁，他说，河水流淌千年，自己世代而居河边，昌州古城变化微微，今听一席干部心中的城建蓝图，他那死守老宅的固执心理也起了波澜。当一群接受了新思想、新思维的儿女们喜笑颜开地给自己带来最有诚意的优厚条件和可期的美好愿望时，他的心灵得到了慰藉，脸上的愁云开始消散，于是他和大伙常来到濑溪河边，站在小滩桥上，眺望着哗哗流向远方的白银滩水，诉说着吮吸濑溪母亲河乳汁的感恩之情，感激灌溉天下粮仓的馈赠。他们向上苍祈福，向当政者祈福，脚下暗流涌动的濑溪河水就要猛涨，他们相信这里一切都向着美好的方向迈进。

　　渐渐地我也迷恋上濑溪河，迷恋上濑溪河上的桥。我发现时常有摇曳不定的轻舟，渔夫踏舟撑杆飘然而上，水波荡漾，河面白鹤嬉戏，两岸垂柳依依，倒影叠叠，水草丛生，这样的天然水乡画面让我欣喜若狂、为之陶醉。工作之余，到河岸，到桥上漫步追索，去寻找河上更多的变化，更多的美景，成了我休闲的最佳选择。在绕城而过的濑溪河上，我的记忆中有四座桥——小滩桥、施济桥、观音桥、联升大桥。除了联升大桥为近年修建的，其余都是有成百上千年历史的古桥。我已领略了小滩桥承载的昌州历史文化的魅力。沿小滩桥段向下500米左右，西南大学荣昌校区旁，一座千年的石桥横跨河两岸，桥面简陋，人车混杂，尘土飞扬，不时有工程车、挖掘机从上面经过，此桥是一座七孔石桥，据说是北宋仁宗年间修建，宋朝宰相文彦博命名为思济桥，现称施济桥，至今已经过多次维修，但主体尚完整。与几位路人闲聊，他们说，地处濑溪河下游的施济桥，一到了涨水季节，洪水泛滥，施济桥也就封洞了，水漫过桥面，昌州城就成了泽国，他们深受其害，幸好即将重修一座280米长的独孔大桥，由外来公司独家买断经营，但他们脸上的忧虑毫不掩饰地展现在我面前，说修桥是好事，桥是昌州的桥，怎么要将工程卖给别人呢？但有的人却表示了不同的看法，现在是商品经济时代，只要能促进当地基础建设和经济发展，让外来公司经营未尝不可，人不能墨守成规，要解放，要开放。1997年12月施济大桥建成通车，设立收费站，原桥保留。

那时我注意到昌州人已有了开放的意识，对外来的东西很容易接受。我常站立在小滩桥头、施济桥旁，想看濑溪河的细微变化、城市的阵阵骚动，我也想在脑海中留住这里的一处一景，渐渐地我发现清清的濑溪河水开始变得浑浊，两岸的杨柳翠竹没有了踪影，一台台推土机在两岸的四野拱出一块块新鲜的泥土，一条条纵横交错的城市干道雏形展现在我面前，城市也突破了地震带建筑不宜超过十层的禁忌，一栋栋高楼拔地而起，直冲云霄。远处的天际线也变得不再孤寂，一座座升起的塔吊正转动着自己的铁臂，升降着一箱箱钢筋混凝土，城市轮廓已不是那么狭小，如火如荼的大规模建设已拉开了序幕。大兴土木搅动着昌州城里的每个人的心弦，他们不仅是这里的住户，也是这里的建设者、参与者。起早摸黑，成了他们的家常便饭，建设美好的家园成了每个人的梦想。在来来往往的人流中，他们都怀揣着一个梦——改变自己的命运，从这里开始。因为这里给了他们同样的机遇和优越的创业环境，没有歧视。这里的本地人，无论男女老少，都纷纷走出家门，进入到纷繁复杂的商品经济时代，赚钱成了他们每天必谈的话题。让人更加欣慰的是，不只是本地人显现出勤劳本分的一面，外地人也纷至沓来，城市人口越来越多，当地人与外来人已经融合在了一起。无论是在工地、商场、公司，或其他地方，你都会遇到不同口音的外地人，他们也显得从容自如，因为他们已扎根于此，这里就是自己的家园了。在空闲之余，他们也不忘到濑溪河边，到小滩桥、观音桥上去走一走，看一看，他们也禁不住想去触摸濑溪河水流动的韵律，尝一尝她的甘甜，心里发出最强烈的感叹，多么优美的濑溪河，多么的厚重的古石桥，多么美妙的现代宜居城市！

一个月、两个月、一年、两年……这里可以说是一两个月就变个样，一两年就大变样。渐渐地有些人担心，家乡变化太快了，外出的家人哪天回家，或许找不到回家的路了，于是他们有了一些想法，要将一些历史遗留的东西原样保存，这样自己的亲人才会找得着方向，才能寻得到最原始的记忆。城市的蓝图设计者试图在濑溪河上重修小滩桥、观音桥时，百姓们纷纷建议不要拆毁河上的古桥，因为它们都是有着厚重历史的百姓桥，它们与昌州百姓感情深厚，不可分离。与小滩桥相比，更有故事的是观音桥，它始建于明正德年间（1508年），书法家李少白在同治九年为其楷书"观音桥"三个大字，并于石碑上书写对联曰："风送马蹄归郭北，月随人影过桥西"。所以即使为了改变他的通行、防洪能力而重建，也要尽量保持原样，保持它的历史风貌。2012年，建设者们发挥他们的高超技艺，从水下将桥墩抬高，桥面保持不变，这样先辈们传承下来的历史文化古迹得以保存。更可喜的是桥龄不长的联升大桥也在城市规划建设中得到修缮，建设者在不损毁桥体的情况下，将大桥修饰一番，建成了古色古香的廊桥。如今每到夜晚，当人们在小滩桥上走过，在观音桥旁散步，在廊桥上驻足观景时，三处风景与昌州古城浑然一体，仿佛组成了美轮美奂的现代版《清明上河图》。后来随着城市的扩建，濑溪河上又修建了更加壮观的现代化大桥——海棠大桥、香国大桥以及几座公路大桥。如今这些现代化的大桥已成为城市的标致性建筑，成为连接濑溪河两岸重要的经济发展的纽带。每当夜晚降临，华灯初上，那桥上耀眼的成排成行的灯饰把这座新兴的城市装扮得绚丽多彩，仿佛天上人间。

短短的数年时间，城市的高楼建筑如雨后春笋般地长出，街道是一条比一条宽阔漂亮，无疑给这座现代化的城市增添了光彩，城市的扩建延伸把濑溪河从绕城变成穿越，弯弯曲曲的河道穿城而过，外河变成了内河，很有江南水乡的味道。生活在城市里人们能够天天感受到水的亲和力，感受到了这座城市的灵性永远存在，这更加增添了昌州城独特的自然魅力。然而正当我们暗自庆幸城市变得如此美丽时，穿城而过的濑溪河却在哭泣，她的脸变得阴沉，因为她无法抵御城市污水的侵袭，她的自然净化能力已变得岌岌可危。天空中飞来的白鹤，河中的野鸭，闻着变了味的河水气息，它们再也没有心情在河中戏水觅食，不久，它们有气无力地扇动着翅膀，依依不舍地离开了它们的乐园，我们再也见不到它们的身影了。幸好变得富足而讲品位的人们开始关注自己所处的自然环境了，他们的生活已从温饱满足向自然生态环保型转变，他们已经懂得恶化的水环境给城市居民和野生鸟类带来的危害，警醒了的人们觉得改变陋习和斩断污染之源成了当务之急。近几年来，城市的道路上，环境卫生宣传处处可见，洒水车、除尘车、喷雾车随时从你身边经过，街面整洁无垃圾也许是你最深刻的印象。濑溪河边十里防洪整治工程、污水处理工程一个接一个，再加上森林城市的建设，可以说是当政者最得人心的大手笔，这是利国利民、千秋万代的事，没有一个百姓不拍手称快。我庆幸看到了城市建设与生态发展并行的良好局面。不是吗？如今，你一出门，就能看见一个个城市广场，一个个生态公园，足显山美、水美、人更美！

时光荏苒，光阴似箭，我已在这座城呆了25年了，当我们像往常一样，走在濑溪河旁，站在小滩桥上，望着清清的河水长流远方，河面上鸟鸭成群结队在河中嬉戏，当这般灵动的画面再一次出现在眼前，我们又是多么的喜悦。两岸林立的高楼、依河而建的健身步道和成片成林树木以及花香四溢的海棠更是令人赏心悦目，当你身处其中时，河风吹来，家人漫步，当何其美哉！改革的春风吹绿了大江南北，西南边陲城市荣昌发生了巨大的变化，我从桥上走来，在濑溪河边触摸到了棠城的新变化，感受到了古老石桥的厚重的历史和现代的变迁，汩汩濑溪河水唤醒了荣昌80万人的青春活力，这座古老的城市没有理由不从头再来，重新崛起，祝福吧，我们荣昌将会在更加开放的姿态下变得更加美好！

昌州故里看海棠

二月刚过，三月的气候已有了明显变化。

屋外阴冷的天已不多见，天空不时地出现了一道道亮白的宽带，楼下花园小径有散步赏园者，不乏轻装的老人在树下仰望着天际的白云朵朵，几个顽皮的小孩围在池塘边打闹，不时地将身上的衣服脱下抛向空中，甩在地上。

也许是平素没留意的缘故吧，一出门，我就被眼前袭来的春色惊住了。虽然万物复苏的迹象还不是那么明显，但我已发现了被尘土覆盖的绿叶渐渐地露出了亮亮的光泽，枯藤树枝开始微微地绽开了绿皮，被冬天折磨得发白的野草也是星芽点点，这好似不足以感知春天的早来。

我独自一人走在路上，偶感暖暖的微微的春风吹拂脸颊，隐隐的花开花香醉路人的感觉让我全身暖流涌动。是的，今年还未体味到冬天的寒冷，春暖花开的意境就来了。我想，园里的老人小孩不就是在楼下的花园里早早就感知到了春天的到来吗？

其实，我也是想去找一找春天的感觉，但我更想去看一看那久违的海棠，因为在我的记忆中，它是感知春天最早的花木之一，当冬天的寒冷还未彻底褪去的时候，海棠就已经显示出了它那勃勃生机。不知道今年的海棠怎样了？

路的两旁是雨后春笋般的高楼，但更为显眼的却是那种满了花草的绿地，我注意到了即使是最昂贵的黄金地段，也为绿化出腾了一片空间，里面有草有树，还有一些颇为名贵的花木，我已清晰地看见了其中稀稀地夹杂着的海棠花枝，我开始兴奋了起来。

此时此刻，千树万树还没有彻底醒来，只见海棠春芽片片，枝尖上早已生出了一个个小花蕾，粉红粉红的，像一个个挂在裸枝上的小灯笼，昭示着它已经早早地感知到了春天的暖了。

喜欢海棠的我，是不会错过海棠开花时刻的，以往每到二三月份的时候，我一有休息时间，就会散步到公园里去，等候着海棠花开的那一刻。因为海棠花的数量不多，那时只有在公园里，我们才能一睹海棠的真身容貌，不知道是什么原因，也许是它太娇贵了，太美艳了，太难引种培植的原因吧！

但现在看来，在这座新兴的城市里，海棠成了这里最为常见的花木之一，也许是人们对海棠的一种偏爱吧，早已熟知海棠花的生长习性，它已不是什么稀罕之物，不是吗？瞧，在濑溪河的两岸，在公路大道两旁，在街心花园，在小区园林里，处处都有海棠花的娇枝。可以想象，当花开的时候，海棠或作为一处绿地的点缀，或作为一处风景的勾勒，就像一幅美丽的风景画中那红红的几笔，让整座城市都灵动了起来。

好久都没有下雨了，天气暖暖的，我迈着轻快的脚步，寻找着春天，我想看一看今年的海棠花。不知不觉中，来到了昌州故里长廊，嗅到了那众多海棠花开的气息。昌州故里外，依水畔河，溪水长流，这里水分充足，最适宜海棠生长。

蓦地，我发现今年的海棠真的开了，花枝已长得妖娆细长，油亮的嫩叶残留着晶莹剔透的晨露，一朵朵、一团团、一簇簇，盛开着、紧挨着，红似胭脂，粉得艳丽，近看像火，远看像霞，成排成排的，与路旁植得疏密有间的桃花李树形成了一条密密的花木风景带。海棠花开处，路人甚是多，他们禁不住停下了脚步，赏花、评花、嗅花，不见一个人摘花，他们不是远道而来的游人，也不是刻意来此鉴赏的文人墨客，而是刚出户外的闲庭信步者。他们一出家门，就能让自己仿佛处在露天花园里，享受自然美景，好不自在。是啊！这是他们家门口的花，也是他们自己的花，他们怎能舍得伤害自己的绿色花园呢？在海棠花旁，还有柳树成行，桃李争艳，红的夹杂着白的，引来无数的蜂蝶，风轻抚，花瓣落，好一处春暖花开的景象。

看到这路旁的美丽风光，我也抑制不住自己内心的喜悦，脑海里泛起了诗的波澜——"碧波绿水映两岸，春光魅影惹人爱；杨柳依依倒影姿，桃李海棠蝴蝶栖；要问花开谁最艳，当数海棠最中看"。海棠花开醉人，但海棠无香、花期太短，不得不说是一种遗憾。我开始担心海棠花会很快凋谢，但能看到海棠花开最盛的时候，我也就心满意足了。我散漫地走着，沿途随处可见的蓄势待发的绿树花草弥补了我内心的一种隐忧，不仅仅是海棠桃李给人带来春的感受，在这座城市的每个角落都有绿树花草的怒放。

当你从那些来去匆匆的人身旁走过的时候，你会发现他们那自信淡定的表情，无一不展示出他们殷实富足的一种愉悦自豪。是啊！今天的城里人，他们得到了物质社会快速发展的恩泽，同时他们也享受到了环境变化给他们带来的好处。不是吗？如今我们一出门就是绿地，眼前就是树木，远处就是花草，多年前那灰暗的颜色再也不是我们这座城市的主色调。

我暗自庆幸可以不走出这座城市就能够触摸到大自然的肌肤，呼吸到各种植物吐露的新鲜气息，赏到大自然的各种美景，也许城市与自然的结合，就是最美城市的真谛，至少我现在有点相信我自己的感觉了。

海棠花开

　　星期六，久居天宫的太阳露出灰白的脸，点点阳光洒落在阳台，想必今天一定是个好天气。儿子吵闹着要去公园。看到儿子坚决的态度，我虽然喜欢独处幽静，但又怎么能不让他童真的天性得到释放呢？其实我也惦记着去看看公园的海棠花是否开放。

　　儿子要去的地方，名叫海棠公园，是因这里独树一帜的海棠花树而得名，原曾处城外山野，而如今由于城市的变迁，它早已变为城内的一座森林孤岛，四周多半是高楼林立，喧嚣繁杂打破了公园一贯的宁静。

　　到公园的时候，儿子好像对公园里的游乐不感兴趣，问起原因，他却说自己已不是六七岁的儿童了。他的眼睛一直在注视着路缘烈士事迹介绍牌，每到一处，他好像若有所思，若有所悟，还不时地问一些英雄的出处，有抗日文化战士柳乃夫，有解放战争时期暗战英雄，有保家卫国的荣昌籍抗美援朝战士，他们的英雄事迹也让我一时不知如何讲述，因为我知道的也只是偶尔在一些书报上看到的草草的几笔，给儿子讲时既不生动，也不真切。不过让我欣慰的是儿子的思维和注意力的变化与转移，他已从蹦蹦跳跳的东张西望中变得安静起来；已从儿时的调皮疯狂嬉戏游玩中转向了对新鲜事物和知识的关注。

公园的游乐场，虽热闹非凡，但儿子的举动让我感到人多的地方已经不属于我们，少了与儿子一起游玩的气氛，我们离开了人多的地方，漫无目的地往树多人静的地方走去。路上行人很少，似乎只有海棠做伴。三月的春风吹拂着久居闹市的大人与小孩，也吹醒了公园里的树枝与花草，眼前的点点绿色嫩芽，引领着我们不知不觉地往幽静的地方走去。脚下路面镶着一块一块的青石，石缝中已长出了小草，路两边海棠花真的开了，花朵鲜艳无比，红得映人，这里不能不说是一处出奇的自然美景。是的，这是荣昌人的花，它或许就是荣昌人的影子，然而我总觉得这里好像有点什么不适宜，在这么美丽的风光下，喧闹无比的游乐嬉戏与长眠在此的先烈们好像有点不协调。虽然眼里已看不见繁杂人多的景象，但那震耳的游乐设施的撞击声音，还是让这里安静不起来。不知我的感觉是自己的情绪使然，还是担心烈士们长眠时不得安宁。也许我的担心是杞人忧天吧！但我想他们是需要安静的，需要休息的。

我的脚步开始有点沉重起来，不知不觉中，我们来到了一石阶处，前面几块巨型石碑林列着，碑上字迹模糊，还有点发毛变绿，长出了青苔，显得残败破旧，也许是因为这里阴冷潮湿，年久失修、风化脱落造成吧。还好，只要上几级台阶，走近一点，还是能看清正中石碑上铭刻着清晰的楷体名字。从旁边碑林中隐隐约约可以看出碑体上面铭刻着张培爵烈士的革命经历与英雄事迹。

在往日的记忆里，我只是粗略了解到张培爵是荣昌历史上最有名的历史人物之一，对他的历史功绩知之甚少，有时翻阅到有关的书籍，也只是如过眼烟云，没有留下多少印象。现在从这依稀的字迹中我才真正知道了张培爵烈士的英雄壮举。张培爵是四川荣昌荣隆人（现重庆荣昌人），由于父母的远见，他读上成都的高等师范学校，有机会接触到了一些进步革命思想，早早便参加了同盟会，以天下苍生为己任，拯救国家，关心民众疾苦，几次组织武装起义，后被推举为蜀军政府都督，因反对袁世凯称帝被袁诱杀于宛平。据说行刑那天，天空阴云密布，风雨大作，他坐着受刑，子弹射中额头，鲜血喷溅，身躯端坐多时才倒地，他的悲情壮举，天都为之恸哭，为之而落泪。张培爵就义后，其尸体被运回荣昌，长眠于自己的老家。

我想这里的海棠公园，是他的故乡，是他的长眠之地，他应该可以安息了吧，我们后来的每一个荣昌人，是否能够为他做点什么？还好，我们没有忘记他，为他修了这座墓碑，也许他的影响是所有荣昌先烈们中最大的，所以他的碑体也就是最大的，然而现在这里却是满目苍凉，苔藓丛生，让人的心里感到有一点凉意。旁边喧嚣嬉戏的游乐场会否惊扰九泉之下的英烈们的灵魂呢？我们荣昌人本应该是他们的守墓人，怎么能让先辈英烈们受到这样的待遇呢？这让我的心久久不能平静。

来这里的人确实很少，难怪地面台阶都潮湿长草了，也许在特定的纪念日里会有很多人吧！我这样想着，正准备往上走，儿子却躲在我的身后，说前面阴森森的，我不假思索地批评了儿子一顿，儿子嘴着嘴，一点不服气。后来我发现，这也许不是儿子的错，因为在他们的教材中，或许根本就没有关于荣昌的先烈们的内容，或许孩子们尚不知晓这些英烈们为荣昌为祖国作出的贡献吧！他们对这些英雄们的陌生或害怕就不足为怪了。

今年是辛亥革命100周年，在这个特殊的历史时刻，我们荣昌人能为那些为辛亥革命作出贡献的英烈做些什么呢？我想让我们的孩子们能知晓荣昌先烈们的英雄事迹，包括辛亥革命、解放战争、抗美援朝以及社会主义建设时期的英雄，让孩子们在他们的英雄壮举的感召下，感觉到荣昌是个英雄辈出的地方，热爱荣昌这块热土，激发他们爱祖国、爱荣昌的热情，这也许是我们最需要做的一件事吧！

最近我在报纸杂志上了解到一些荣昌人正积极筹划为辛亥革命的先驱张培爵建立纪念馆，并将此项目纳入全市辛亥革命100周年纪念活动中，以弘扬爱国、爱荣昌的精神，这让我激动不已。前不久县里又将众多荣昌烈士长眠的地方开辟为青少年红色教育基地。我想长眠于此的英烈们看到这些举动，一定会在九泉之下得到安慰的。

我们走出了碑林，沿路海棠花树越来越多，花开得更艳。路边驻足欣赏海棠花的人也开始多起来了。我想花儿的颜色，也许就是英烈们的微笑，花儿簇拥着，也许就是祝福我们荣昌的明天更加美好吧！

百竹园

　　前些年，在闹市中要找一块绿地，寻一片树林，不是易事。出门看天，视野不阔，自己就是井底之蛙，灰蒙蒙的苍穹看不见蓝天白云，高楼林立的压抑促使大家都有意愿远离这个公路交错、扬尘四起的闹市之都，去找到一块清静的地方闲坐。如今城市里新兴的一处处绿地，让我们耳目一新。足不出百米，你就会看见草本茵茵，繁花盛开，绿树成林的景象。是的，现在的都市在大兴土木的同时也将自然景观融入其中，建设者们都是想把城市变得更美，更接近自然，让生活在城市里的每一个人都能享受到人与自然和谐共生的高雅美妙。

　　前些天，听闻城西五里又有一人工打造的景点——百竹园，在河的两岸种植了众多竹子，游人络绎不绝，在自己的家门口就能赏到人间仙景，这是多么振奋人心的消息。外出寻清静的愿望让我们众多好友相邀，来到了这个让我们魂牵梦绕的地方。六月的天竟然凉风习习，炙热的骄阳躲进了云层，一行六人的我们没有一个不啧啧称赞当天来得正是时候，不冷不热的天让人精神百倍。入园，一块大青石上书写着绿色的三个大字"百竹园"，青石背后就是一条正在散发着泥土气息的道路，两旁果然种植了成片成片的叫不出名字的竹子，看似枯竹，但仔细一看，在竹子的纹路里还清楚地看见含水充足的竹皮，它们是活着的，有生命力的，竹下的杂草丛生更能说明一切。这里的竹子已是种了有一段时日了，我们能来这里，说明工人辛勤劳作就要换来美好的愿景，百竹成林。这里就是百竹园的起点，即荣峰河兵马滩公路桥，以后就是百竹园的大门入口处了，我们选择了最临近河水的扶栏步道前行观景。河面水宽宽，步道临河边，扶栏竹做成，游人稳前行。两岸竹千千，倒影沉河间，人行七夕桥，快乐赛神仙。继续往前行，我们时而在步道上，时而上行至竹林间，看水泥制作的竹编器具，观竹子撑起的茅庐，赏竹楼亭阁。这里的所有人文景点都突出竹子的特点，可以看出工人们独具匠心，拥有高超的技艺，不得不令人佩服。听竹园里的匠人们说，百竹园有竹子种类百余种。形状有方有圆；竹竿有佛肚、观音、弯直之奇；颜色有紫、绿、黄、黄中镶绿、绿中镶黄。其实，这里的竹子品种虽多，但由于刚植不久，很多竹子都还没有苏醒，长势不明显，没有显示它们高节、柔美、秀丽的特点，我想要是到了明年的这个时候，也许我们看到的就是另外一番景象了。河水潺潺，风吹来时，竹子摇曳着浓密的竹叶，沙沙作响，尽情炫耀着它的美丽，而有的竹子的叶大如小船，正值端午节来临，其叶子正好派上用场，可包粽子，做斗笠等。当竹子长成时，竹筒通常是绿色的，如苦竹、斑竹、麻竹等，它的绿不同于其他任何的绿。它绿得那样的发亮，那样深邃，那样富于生命力。它身躯似碧玉妆成，叶片如翡翠裁就。它那绿色好像随时都可能从叶尖上滴落下来。要是在竹下品茶，则绿色盈盏；在竹下饮酒，则翠色满杯。畅想着明年百竹园的盛景，我真的还有点陶醉于其中。

有人说："竹之为物，非草非本。"是的，它既不同于凡草，也不同于俗木，它是介乎于草与木之间的一种独特的植物。人们爱竹，爱它那洒脱的风姿；爱它那挺拔的气势；爱它那虚心劲节的情怀；爱它那节外无枝的操守；爱它那刚柔相济的品德；更爱它那依依君子德，无处不相宜的性格。

今天的百竹园，取材于竹子，让竹子在荣峰河的两岸通过人工打造生根发芽。除了竹子本身就可形成一种风景外，还与人们酷爱竹子的操守与高节是分不开的。不是吗？百竹园开园没多久，慕名前来的游人便络绎不绝。我不知道来这里游玩的人中有多少文人雅士，但让我感到更加可贵的是，百竹园是有园无门，是老百姓真正可入园休闲的绝佳之地。百竹园，乃百姓之园，更乃幸福之园。

荣峰暮秋

门前河边银杏，泛黄树叶片片落下，随风飘零。我知道了，一年的深秋已来临，沉沉薄雾，满目秋黄，不见远山。

我喜欢家门前的荣峰河，喜欢荣峰河的深秋，也喜欢这里的暮色。当夏秋交织缠绵之时，往往是夏季的高温还未褪去，秋时就来了。那让人心烦意乱的热浪欺负得你坐立不安，期望的凉意久久不能如愿而至。可到了深秋就大不一样，我和家人可以到荣峰河边走走，那里青石铺径，花木草茸，漫步无拘，河风习习，清凉透顶，晚景怡人，时时感触到深秋的凉意与宁静。我庆幸住在荣峰河旁，这让我走不了多少路，便可到它的两岸，独自享受那里带有凉意的秋景。

这里曾是不起眼的污泥沟，虽有河道，却不见两岸风景。直到城区外扩，人们充分利用河水与自然的亲和，为其穿衣打扮一番，将其改造成了湿地公园，成了附近居民的后花园。我们不得不佩服建设者们的奇思妙想，让这里成了人们休闲散步的好去处。是啊，没人能离得开自然的怀抱，没人不依恋自然的色彩，因为那里是人们的美感之源。

傍晚，我偶见天边的落日布景，色彩绚丽，我赶紧和家人走出家门，去欣赏那荣峰河深秋的暮色。到了河边，那落日的余晖已躲进了乌黑的一块幕布，微微的余光把我和家人的影子拉得长长的，影影绰绰，让人感觉身处如梦似幻之境。眼前蚊虫飞舞，嗡嗡作响，时而齐聚，时而分散，偶有遮挡视线，弄得自己心情不悦，伤及赏秋的雅致。这也许是画中的一大败笔，然而此刻沉醉于黄昏美景的心情早已将其忽略。目光前视，行人三三两两，稀稀落落，已不如盛夏的热闹。我和家人踩着一块块洁净平整的青石，漫步在桂花树下，一习微风拂过，花香四溢，凉快透顶。于是我们都深深地呼吸，急切地想留住这美妙的花香时刻。我伸出自己的手，轻轻抚摸花瓣，像是柔柔的脸，又急切地想亲吻花朵，但花的绿叶枝条，刺痛了我的脸，似乎就是一种警告，这里的东西不是属于我一个人所有，它的美色花香是要展现给大家的。河两岸，浓浓秋意，淡淡花香，怎不让我贪恋这深秋的味道。停留一处，观看一物，我们眷恋着荣峰河的美。此刻，我看到了海棠残枝的落寞，但这丝毫不影响我的赏秋雅兴，除了两岸桂花香气，我还看见了野菊花开的绽放。茸茸的草坪也有绿色，榕树常青，阁楼亭立，偶在石椅小坐，看岸边亲水行廊，水波粼粼，闪闪亮亮，如梦似幻，如此曼妙的晚景，怎不让我陶醉。

深秋晚景入目，似乎早已冲淡了我们心中的喧嚣凡尘，在这特别的季节里，我忘却了心中的不快，那秋意宁静，已将一颗浮躁不安的心逐渐沉淀。我无时无刻不渴望挣脱繁杂琐碎，把自己置于青山绿水间，或缓缓漫步于空旷无人的田野，去寻找一处安逸的所在，如此，方能独享一刻属于我们自己的幸福吧！我想此处荣峰河的绿水长廊，也许就是理想之地吧。

走近古佛山

4月1日，我与荣昌作家们到古佛山采风，脑中突然浮现出诗句"人间四月芳菲尽，山寺桃花始盛开。长恨春归无觅处，不知转入此中来"的意境。沿途的油菜、桃李的花期已过，春天的脚步已渐渐远去，而我们却还能到古佛山去看桐子花，兴许桐子花开，古佛山也是别有一番风景吧！古佛山，荣昌最高峰，海拔700余米，是令家乡人神往的地方。那天雨过天晴，我们呼吸着被暮春雨水淘净的空气，享受着清新自然的美妙，感叹着蜿蜒蛇行美景醉人的乡村公路和那红砖碧瓦农家村落的美丽变化。这不就是我们梦中的世外桃源吗？我们期待着走近古佛山，走近古佛山的美丽乡村，庆幸的是，热情大方的社区负责人主动当了我们的导游，让我们有更多的机会去触摸古佛山的脉搏。车在山间田野路上穿行，一座写有"古佛山"三个大字的高大牌坊映入眼帘。社区负责人说，要是早几年来这里，我们看到的可能就是一幅最原始的农耕牧牛景象，而纯朴自然却给当地人带不来多少富足，现在可就不一样了，村里人世俗观念变了，他们坚信绿水青山就是金山银山。沿着社区彩色休闲步道，我们到了一座小石桥旁。蓦地，我们仿佛进入了一幅诗书画卷里，这里是溪水潺潺，水清见底，水面野鸭成群，池边是绿树成荫，农家傍水，好一幅"小桥流水人家"的乡村美景图。社区负责人说，这里的水特别清，它可是古佛山下"二流水库"流下来的优质矿泉水。水是生命之源，有了水，万物就有了灵气，他们要把这里变成世界上最美丽的乡村院落。看得出，社区负责人对眼前的小有所成还不满足，他心中的愿景和蓝图比我们想象的要美得多。眼下虽过了桃李芬芳、千树万树梨花开的盛春时节，但两岸的秀色，池中迷人的绿和那青翠欲滴的樱桃树足以让我们找到暮春的踪迹。而让我们感到意外的是社区负责人说他们这里处处是春——处处有政策的春天。我们明白了书记的言外之意，难怪他在出行之前能够很有底气地说出他心中的蓝图——改变农家根深蒂固的脏、乱陋习，打造清新自然的农家环境，建设一流的古佛山旅游风景区。游完农家，意犹未尽，一路谈笑，我们走出了溪水潺潺的戏水园。当我们正欲离开上山时，偶然发现又一块牌坊矗立在我们面前，上书："西来第一禅林"，书记看出了我们的疑惑，向我们讲述了关于佛缘禅林的故事："古佛山头顶天，不到山巅心不甘"，这是当地人对古佛山的一种执着的向往。相传在古佛山下有一农家小伙上山砍柴，偶遇一妙龄女子，二人一见倾心，互生好感，当晚相约古佛山下二流水池柳树旁，戏水谈情。不料，女子被毒蛇咬破手指，奄奄一息，恰巧一路人上山采药归来，见二人异常悲伤，告之太阳落山之前找到山上罗汉寺古刹归隐之士，方可有救。可林海茫茫，何处寻找古刹归隐之士呢？眼前山高林密，坡陡路窄，小伙使尽全力，也没走多远便累瘫在路旁。此时松枝摇曳，涛声大作，小伙顿感无助，突然一座小屋横亘路前，见一老者门前席地而坐，正欲开口，老者说早知其来意，便抬手一指，远处乱石丛中一独路直上云霄，让人不寒而栗。小伙凿穴登峰，攀岩而上。突然，一只老虎挡道，正张开血盆大口，刹那间，身后跳出一老者，支吾两句，老虎吼叫一声进了山洞，小伙甚是感激，偶然发现此人正是山下采药归来之路人。此时天色已晚，太阳眼看就要落山，小伙一筹莫展，无计可施，正值绝望之际，老者说道："心诚所至，金石为开，你已到山顶，一切都会好起来的！"小伙满脸狐疑，莫非此人便是归隐者？小伙回到二流水池边，果然发现妙龄女子已苏醒，正微笑着等待自己归来。后来，二人回到家，将此事告诉父母及邻里乡亲，大家为了纪念老者，便在山上塑佛建庙，以表人们对忠贞美好爱情的向往。而如今复制的"西来第一禅林"正是纪念慈悲向善的禅林归隐者。听罢社区负责人讲的传说，我们不由得肃然起敬，眼前的这位特殊导游心中的故事，不就是代表古佛山人对未来美好生活的向往嘛！而眼前的这座古佛山变得更加令人神往。车继续往山上开，我们来到了此行最重要的目的地——百佛园。桐子花开映古佛。有人说："自古上山一条路，凿穴登峰方可入"，可见登上古佛山的艰难。而如今是车到山前必有路，道宽蜿蜒通云霄。我们感叹现代古佛山人的精明能干，将上山之路延伸到了山体的每个角落。当我们一行人到达百佛园时，那里已是游人如织，花开遍地。有诗曰："桐子花开立门前，馒头裹叶心里甜。摘下桐子藏嘴里，伸舌瞪眼苦难言。"这里说的就是儿童趣事，或许我们都有着很深的记忆。其实桐子花有着自己独特的韵味，当花开的时候，像一朵朵白中渗紫的喇叭，在大片大片的鹅掌叶掩映下，高洁而不张扬，美丽而不娇艳，端庄而不媚俗。古佛山下遍野的桐子花开放，这里没有桃李争艳，梨花斗色，只有桐子花开的独角秀，像这样成片花开的盛况，也许这里是独树一帜。然而更让我们兴奋的是，桐子树下众多的"佛"字，更是一种花与佛的善缘，它们被能工巧匠们刻在一块块摇摇欲坠乱石上，字体各异，各显神态，像一颗颗跳动的音符，融入你的心境。看到这里，我突然想起社区负责人说的老者乱石堆前指点禅意的情景，或许此处就与这传说有关吧。想着古佛山流传的美好爱情故事，老者善解人意的大爱，而这盛开的桐子花不就是一个个情窦初开的美少女吗？她们将自己最美好的一面展示给游人，她们甚至掏出一颗颗跳动的心，显露在乱石上，就成了一个个"佛"字。我想，她们有着不为自己求享乐，但愿众生皆离苦的心缘，这或许就是她们盛开的初衷吧！赏完桐子花开，偶见花瓣飘落，有人吝惜暮春的短暂，其实我们能在半山腰找到春的颜色，已是很不易了。或许我们每人心中已有了一幅美丽的古佛山春色图，就让我们把它描写得更加绚丽多彩！

铜鼓山上绽放的油菜花

三月的季节，偶有小雨让人不快，而时不时冒出头来的太阳却又惹人心动。扶栏楼上远眺，城外片片金黄，股股暖风不时吹来，夹杂着新鲜泥土的气息，好似裹挟着初春的芬芳，带着春天特有的金黄，扫过连绵的山坡。四面满目的春，怎能不让我突发奇想去追寻这金子般的季节？

农村的天地可以俘获人的各种审美情趣，文友们的邀约，恰似一种默契。城北几十里的铜鼓山无疑是一个好的去处。大家都说今年铜鼓山的油菜花开得旺，长势好，山上山下都是，足可以解眼馋。那天，在当地干部的引领下，我们驱车到了铜鼓山下，干部说现在的铜鼓山已今非昔比，可以说是荒山变沃土，野岭成梯田，上山本是茅草路，如今已成碎石基，试问山上为始者，当知村中有能人。我们一下车，眼前豁然开朗，一簇簇绽放的油菜花，似头戴金头盔，手执纤纤细茅的千军万马列队帐前，远看连绵起伏，一泻千里，令人目不暇接。我们一行走在上山的碎石路上，不知不觉中已进入到油菜花的世界里。此时文友们无不沉醉于眼前的美景，满足之感跃然于脸上。也许我们每个人都经受不住美好大自然的诱惑，虽然它展现给我们每个人的都是一样的表象，但却因人不同而品出不一样的味道。文友们在享受美景之余，还互致感受，共享品味。兴奋不已的文友们一阵骚动，各自都去寻找眼中那最美的风景，或在田埂上，或在沟渠里，或在花丛中，或在临风高处。有的偎依在花后，有的露出自己甜美的笑容，有的撩起自己的秀发，有的拥抱徐徐的山风，有的吼出自己的心声。不经意间，那突然响起的快门声似乎惊动了文友们的雅兴，轻松快乐的表情一下子僵住了，不过那最美的一刻早已留在了诗一般的照片里，心里的美就像绽开的油菜花，毫无保留地吐露芬芳。采风兴致正浓，一红衣少女天仙般地降临，嬉戏入帘，没入竞妍绽放的菜花里，更增添了醉美油菜园的情趣。此刻此景，一文友诗兴大发吟道："嗡蜂传情临菜花，彩蝶逐飞至田家。春风拂过花荡漾，油菜飘香张口尝。文友心怡敞情怀，段氏高谈幸福来。"

赏完油菜花的美丽，我们又听干部介绍，当得知这茫茫千亩的油菜基地只是段氏兄弟雇请四人耕种时，我们不得不叹服现代农业技术高超，不得不佩服段氏兄弟的精明能干。是啊，铜鼓山高田村的能人也许就是这一类有志向，有梦想的现代农村人，他们脱俗奋发，立志有为，大胆地走在了农村致富的路上。

铜鼓山上的金色油菜园，是花的海洋，是当地农家辛劳的杰作。这里处处是春的色彩，处处充满了收获的希望。高田村的巨变，的确与当地引路人是分不开的，田园山色之美，在于人与自然和谐共生，在于人的决心意志，而他们的信心不就是引路人带来的吗？铜鼓山曾是杂草丛生的荒芜之地，如今是沧桑巨变，幸福满满。当我们看到山上正在兴建脉络相连的水路管网和那些向远处延伸的水泥石路时，我想这未尝不是铜鼓山人正在纺织自己未来的美丽梦想呢，那往山上或往远处延伸的管网、石阶路不就是一种希望之路吗？山上能人，除了有种植千亩油菜基地的段氏兄弟之外，千亩花椒、千亩桃树的蓝图更是耀眼，这更深层次的引路人恐怕是我们铜鼓镇的当政者吧！我们相信有了引路人的带领，铜鼓山的明天一定会更加美好！

寻找花的世界

寻找美丽的春天，发现不一样的风景，让你心动，让你沉醉，不过就是在你所处的自然中看见了花儿的颜色，哪怕是同样的颜色，也会有不一样的感觉。因为在你的生命中，你会不自觉地感到时光在流逝，青春已不在，只有年年的绿色，艳丽的鲜花让你觉得生命依旧年轻，活力犹在。

前几天，我看了一则朋友外出游玩的微信图景，好不心动，照片里那紫色的成片的鲜花，让我感触到自然的美好在召唤我。毕竟我还是酷爱这个阳光明媚、人间喜悦的季节。我向朋友打听了那个地方，地点就在离城不远的仁义郊区，我想在这气候变化无常的季节里，说不定哪天花期就过了，到时候再想去赏花，恐怕那里的荒凉会让你追悔不已。我不能再步前次清迈园樱花节遗憾的后尘。

仁义花儿的颜色，让我兴奋不已。那天，我和妻子顺便约了朋友，驾车行驶半个小时的路程，就到了目的地。我已不是第一次来这里，还记得前次去的时候，也许是当地人刚刚发现这处美景，就连那植物的名称都不敢确认，有人称马鞭草，有人称薰衣草。那时，花开了，一小朵小朵的，紫色不艳，像小姑娘的头饰，自然地点缀在水库边的小山丘上，呈现不多，好像就是在一荒野山坡上生长出来的野花，无人管理，自由生长出来，成了一小片，引来了城里人的好奇关注。那次，我和家人没停留多久就离开了，后来我知道了那种花的的确确叫马鞭草，具有较高的药用价值，本就是当地的农民人工栽种的药用植物，只是管理不善，显得像是荒野杂生的花卉。

今年开得怎样？还是去年的样子吗？我期盼着有较大的改观。

一路风尘，公路已变得开阔，车可以直接入园。到达的时候，景区的游客已犹如长龙一般，摩肩接踵地充塞了入园的小径。虽不熟悉，但也相视而笑，面容友善。让我们感到欣慰的是，马鞭草的规模远远超出了从前——紫色花海，山丘连绵，人戏蝶舞，农家没入，如人间仙境，世外桃源。入园，石板小径，幽深花伴路，情笃侣自在，寻觅藏身处，倩影境中留，与花比高低，自觉更年轻，真的是陶醉如仙境。每个人都像花儿一样，穿着艳丽的衣服，争先展示自己青春靓丽的一面，更有甚者，从老远的邻县骑上自行车，组成驴友车队来到这里，也要一睹马鞭草的艳丽。我想他们不仅是要想看马鞭草，也是想要展示他们的青春活力，因为我发现他们都是一些上了年纪的老者。仔细一想，我们这些人，不也是为了寻找花的颜色，想要融入花的世界寻找自己的青春吗？

细细观看，一簇一簇的马鞭草，根茎粗壮高耸，茸毛刺手，花朵似燕尾，紫色诱人，与前次看见的大不一样，看来今年农家的确下了一番工夫，不仅让马鞭草的种植面积扩大了，而且在管理上也费了一番心思。最有意思的是农家不仅发现它的药用价值可观，而且旅游观赏价值也不菲。他们在没入花海的小径上，建起了人工小屋，像是七个小矮人居住在这紫色的花海世界里，欢迎游玩的人们来做客。也许你游玩观赏的时候，会惊讶于这里不需要任何的门票。不要认为这里的人傻，这恰恰是他们的精明之处，他们在自己的家园上种植了具有药用价值的经济作物，同时也给我们带来了美丽的鲜花世界。

花海引来蜂蝶，风景吸引游客，环境改变面貌，为了美好的明天，这里的人们不就是从点滴做起，通过人与自然花海的结合，来展示他们当地的青春活力，打造他们梦中的旅游世界吗？游罢整个花园，我的心久久不能平静。在回家的路上，我想在明年，在这个地方一定会有更令人意想不到的美景出现。

走，摘桑泡儿去

来回走过的路，早已熟悉，仰视天穹，自由自在，四野染绿，醉人荡心。偶然发现，春暖花开的季节已过，似乎有点感伤。路边果树枝繁叶茂，青青果穗让我重生愉悦，我静待着果实长成，尝鲜品味。五月的日子，正是小满桑葚黑，芒种割小麦的时候，我与朋友相约到城南十里果桑基地采摘桑葚。

出发的那天，雨过天晴，怀着激荡的心情，我们行驶在曾经工作过的地方。蓦然回首，此时我已没有了"青春做伴好还乡"的感觉，独感青山依旧，物是人非。羡万物，一年一春，而今人到中年，岁月悠悠不复，不免黯然神伤。思绪的游离浇灭了火热的心情，可朋友的笑谈无意中打断了我的神游，将我拉回了儿时摘桑趣事中。幼时，我曾帮着父母养蚕，到田埂上采摘桑叶，躲在桑树冠下乘凉，见桑枝上偶有几个乌黑的果子，欣喜若狂，不知暗藏凶机的我，伸手就摘，好生刺痛，然摘果的喜悦让我顾不得手指的刺痛，囫囵吞下几粒桑葚，满嘴乌黑，自己却浑然不知。直到回家，父母发现我的手肿了，嘴黑了，才知道我偷摘了果子，被八角丁刺了。那时的我一看到白白胖胖的蚕宝宝，将桑叶弄得沙沙响，蚕儿就向着我点头，非常可爱，我也就忘记了刺痛。有民谣曰："蚕儿宝宝白白胖，闻声抬头张嘴望，嚼桑唰唰天天长，转瞬变得透身亮。"说的就是桑叶最肥大，蚕儿长成，吐丝作茧的时候，同时也是桑葚果实成熟的时候。由此我知道了"春蚕到死丝方尽"的真正含义，同时也知道了桑葚是我童年最好吃的果子，因为我家门前只有这种野果，而桑葚的甜味在我的童年中又留下了最美好的回忆。相信今日摘桑的感觉甚好！

　　果桑园在城南十里的日泉基地，可以说是荒山变沃土，公路通到田，处处都是充满希望的田野。沿途建起的大棚，架下孕育着生机盎然、香气十足的名贵水果，如蓝莓、草莓等。路人说，要是再过十来天就可以尝鲜了，不过也没有什么遗憾，今日正是摘桑葚的时候。有诗曰："千年桑树还是桑，古人把它变衣装。今来桑树成果树，人人独爱吃果桑。"可见如今的人们喜好已发生了明显的变化。精明能干的乡里人，正是看准了殷实富足的人们生活的变化，利用农家的独特优势，迎合城里人休闲娱乐的心态，商机无限，收获多多。瞧！三三两两、来来往往的人出入果园，带着甜甜的笑，一家人，一群人，有朋友，有同事，带着一篮一篮亲手摘的果子，从我们身边走过，他们是在享受，是在休闲。远看桑园一片绿，近看果穗挂满枝。游人嬉闹声不停，却看不见人影。不用说我与朋友的情绪也被带动了。入园，果桑高过头，突感没入其中，仿佛穿越了时空，来到了世外桃源。眼前已没有了其他人，密密的桑叶织起的树冠遮天蔽日，纤纤枝条挂满了乌黑桑葚，我们忍不住摘两个入口，大家欢笑阵阵，也许这就是到农家摘果的乐趣吧。大家禁不住拿出手机来相互拍照，想要留住这美好的时刻，各自欣赏，在这美妙时光里，众里寻她千百度，嫣然一笑众回眸，人面桃花相对眼，人人夸赞好美颜。是啊！自然与人在这里和谐共生，看这灵动的画面，该是多么奇妙的事情。

美好的时光总是易逝，我们一行六人在摘桑的欢笑中走出了果园，带上沉甸甸的收获，意犹未尽。记住它吧！这里留住我们的青春，留下了我们的足迹，留下了我们的欢笑声，相信来年春意浓的时候，我们会再次相约！

重游古镇

溪水上源，古镇之位。那里山绿水秀，水天相接，人情风光美。

今日有空与同事再访古镇。这里我来过多次，已经是过去的事了，我还是想看看有什么变化，似有故地重游之感，希望能给自己带来欣喜。

天空没有太阳，白云淡淡，相信这不会影响我们重游古镇的兴致。

说是古镇，其实是几百年前留下来的遗迹罢了。这里曾是上至大足，下达泸州，中转荣昌的黄金水道，古镇就是依水而建的码头水寨，因为从现在看来，就是遗迹一条街、几处水码头加两处寨门，即水巷子和狮子门，还有人工打造的古色不浓的现代民居。

从柏油阔路来到古镇，最先映入眼帘的是街面两旁的民居，多是两至三层楼高，泥沙筑起，朱红窗格，这就是所谓的现代民居吧，不过这不是我们要看的重点。

远远地就看见前面有一处牌坊，上面写有"恒生门"三个大字，记忆中过去是没有的，应该是现代人仿造的吧。从坊门进入，就来到了古镇遗迹一条街。石阶街面，足有几百级，中间足印车辙深至成槽，是沧桑岁月留下的痕迹。两边是亭堂阁楼，梯次布局，错落有致，有的粉饰一新，有的正在修缮，有的仍破旧不堪，店铺门前稀落几人，没有节日的繁华。往前，一处湖广会馆遗址散落在那里，屋顶不见，几根悬梁飞出，下面是杂草丛生，这也许是年久失修，无人问津的缘故吧，才显得这样破败。此处古迹居多，街面还是显得很古朴幽静。穿过小街，人渐渐多了起来，就听到有人在吆喝："古镇一绝，河水翘壳"，原来是用这里特有的一种鱼做的美食，听人说这种鱼不常有，要吃还要碰运气。最终我们没有吃上这种美味佳肴，真是一大遗憾。

再往外走，经过一拱形城门，也就是狮子门，门外有城墙，还有城垛。这里古时的痕迹最明显，是最值得游人驻足观看的地方。其实在清朝嘉庆年间，当地绅士、富商为了防范已成燎原之势的白莲教，在这里依山建起了大荣寨，四周修建了城墙，建有四座城门，现仅剩下的就是水巷子和狮子门两座。狮子门外留下来一段古寨城墙，上面苔藓丛生，城墙上依稀还能看到刻在那里的"大荣寨"三个大字。

外边是有名的赖溪河，河堤成池，水宽河清；两岸农家山林，倒影叠叠，绿色一片；河面一座古石桥，悠闲游人扶栏垂钓，一叶轻舟飘然而过；天空悠悠白云，淡白如絮，真是美不胜收。河堤左边，一轮水车长转不停，引来不少大人小孩的好奇，或驻足观看，或伸手触摸，想探个究竟，惊叹于古人的智慧杰作。堤下是一处浅滩，河水倾泻而下，激起朵朵水花，变成泡沫，随着条条玉带，长流远方。

看完了美景，游完了古镇，该找个地方休息了，不过这个问题用不着担心，因为这里的农家乐已经为游人提供了休息的去处。

游玩了一天，我发现古镇好像并没有多大的变化。也许是古镇被遗忘太久，人气不旺的原因吧。倘若只注重表面的粉饰，而忽略文化内涵的挖掘，这样的景点对于游人的吸引力是不会长久的。

高原凉都行

本该是八月秋分风渐凉的时节，可这里的天依旧是热度不减，我们只有把野外片片秋黄当成是心中的凉意，兴许能让失望的心情得到暂时的抚慰。然而要想寻得一丝真正的宁静与清凉，外出周边旅游，不失为一种好的选择。恰逢贵州景点门票、路费减半的好时机，我与友人喜出望外，清凉的诱惑促使我们迅速谋划好外出路线，做好出行前的准备，说走就走。我们一行两台车，一前一后，在一个星期四的午饭后，驶出了重庆，径直往高原之地——六盘水前行。

8月10日　高原凉都——六盘水

从荣昌出发，在卫星导航的指引下，我们一路驶上高速，在绵延不断的山峦、沟壑、隧道间穿行。也许是心情愉悦，车速太快，沿途的风景根本就顾不上欣赏，不知不觉中，车已过隆昌、泸州、毕节，下午五点多就到达六盘水。我们一下车，在一个大大的平坝口驻足，顿感眼前一亮。山峰壁立，高耸入云，山风阵阵，丝丝清凉迎面袭来，大家情不自禁，张开了双臂，极力想把那久违的凉风兜住，直呼爽、爽、爽！是啊，气温骤降十多度的感觉，怎能不让我们发出感叹！六盘水地处贵州东部，有冬暖夏凉的气候特点，人称凉都。感受到了这里的清凉，大家一下子就兴奋起来了，都争着想表表各自的功劳，夸赞着选择这个地方的正确性。说笑间，天色已晚，此时此刻，大家兴致正浓，都想去领略一下这座凉都的城市风光。我们找了一家交通酒店办好入住手续，然后开着车，徐徐往城中进发。这里车多人少，一座座新兴高楼依山而建，拔地而起，犹如城市森林，街面整洁宽阔，临街店面装潢豪华大气，街道背靠大山。或许我们来得正是时候，此时正是云开雾散，霞光万道，那光芒穿过后背大山，从谷中射过高楼，像一枚枚发硼的宝剑，映照着这座朝气蓬勃的城市，让其显得光彩熠熠，煞是好看。到了城中广场，我们更是被迷住了，大家从车上一下来，就觉得一阵阵凉风袭来，撩起我们的衣衫，清凉透顶。广场上，假山套水池，花岗路面，青石台阶，台层交错宽阔，四周高楼顶着后山的天，气势恢宏。几位休闲老者，扬鞭驾驭着飞转的陀螺，发出一阵阵刺耳的鞭声，响彻云霄。一位有经营头脑的友人不免感叹着这座城市的宜居，忍不住给一些楼盘商家打电话，询问起行情来，更有甚者还开玩笑说打算在这里购房定居用以避暑。天色已晚，我们回到了驻地，找了一家当地特色的牛肉馆，喝了酒，好不畅快。当晚大家享受了一场不开空调电扇就能呼呼入睡的好觉，因为这里是"凉都"六盘水。

8月11日　上午　乌蒙大草原之行

天刚亮，我们就匆匆上路了。车依旧是在大山里面穿行，隧道一个接一个，好在全是高速，没有耽误时间。不过随后让我们感到有一点意外的是，导航突然让我们在一个乡道路口下了高速，进而沿途只是海拔不断攀升的大山，哪里有大草原的迹象？到达目的地售票处时，天突然下起了小雨，我们开始有了冷的感觉，这也许是我们在夏天遇到的最反常的气候了。当地人说，这就是他们当地的气候特点，天晴下雨，变化无常，就像小孩的脸哭着哭着马上就笑了。我们买了半价优惠票，过了检票口，沿着一条弯路蛇行前进。山越来越高，水雾越来越大，云雾时而在前，时而在顶，有时伸手都可触摸。看到沟壑纵横，路险坡陡，还真有点让人不寒而栗。好不容易来到目的地，我们这才明白"乌蒙大草原"其实就是"坡上草原"，是由于气候的原因，该海拔的山系很适合长一些矮小的草本植物而得名。不一会儿，雨停了，乌云散开露出了一片蓝天，温暖的太阳露出了笑脸，我们已没有了寒意。沿着众多游客走的步道，我们一行七人来到一片坡上草地。看着山下一汪清池，我们出奇地想，也许这就是坡上草原的眼，风吹来的时候，那池边闪动的草就是她的睫毛，就像一位动人的少女，吸引着无数的男女游客在她的跟前摆弄着身姿，秀着恩爱。她们有的披着纱巾，有的戴着花帽，撑着太阳伞，各自寻找着最佳站位，虽有呼呼的大风，也全然不顾，她们都想把自己的美好一刻留下来，成为自己永久的纪念。不知是不是大家的欢声笑语惊动了上苍，就连天公也开始嫉妒起我们来，头顶上的彩云愤愤地飘走了，搬来的是凶巴巴的乌云大哥。不过还好，这只是暂时的，当我们进一步攀上顶峰的时候，乌云早已不见了，我们看到的是驰骋草原的骏马和欢呼的游客。此时，几位当地人向我们围了过来说："到了大草原，不骑马等于白来。"也许是激将法起了作用，我们中就连胆小的也上了马背，歪歪斜斜地骑了一圈，最逗乐的是我们中的带头大哥说他被老板"宰"了，因为老板说他胖胖的身体让马太费力了要多收一点钱。大家不禁一阵哄笑，也许这就是旅游的乐趣。时间过得真快，转瞬到了中午，路边的美食飘香让我们毫不犹豫地选择了草原上的特色烧鸡和土豆，我们烤了两只鸡，转瞬间就分得一干二净，看得出大家吃得津津有味，那拍照时留下的甜甜的笑容足以说明这一切。此次高原之行让我们饱尝了一顿美滋滋的高原餐和难得的清凉，遗憾的是因为我们来的时间不巧，没能看到坡上绚烂的日出和那红满半山的火焰杜鹃。

8月11日　下午　古银杏之乡的遗憾

在乌蒙大草原停留的时间不长，我们又踏上了去马岭河大峡谷的行程。一路上，大山作伴，天公布景，高速路上出现的一幅幅古银杏美景吸引了我们的眼球，大家便临时决定到世界古银杏村去走一走，因为听说那里有成百上千的千年银杏树，正值秋天，树叶变黄飘落的时候，十里八村遍地金黄，美不胜收。再者我们所居住的城市也喜欢种银杏了，当看到那一片片秋叶落下，在地上铺成薄薄的一层黄色地毯，我们是多么的欣喜，何况这里是大片黄色的海洋。谁也没有想到，去的路之艰难，让大家始料不及，但好奇寻美之心让我们的毅力发挥到了极致。当我们到了妥乐村时，我们才发现那里是满目萧瑟，不见成片的古银杏树，只偶有几株不起眼的，稀稀落落，让我们失望之极。当地人告诉我们，村里正在全力打造新景点，想看只有等来年了。虽然没有一睹古银杏树的风采，我们一行并没有走回头路，带头大哥突然想起了自己远方的同学，就在附近的富源县。由于路线不熟，我们花了将近五个小时，翻越了一座原始森林，到盘县后才上了去往富源的高速路。当到的时候，时间已快六点，天并没有黑。富源的同学很是热情，请我们到县城的后山吃了烤鸡，喝了当地的玉米酒，让我们足足做了一回远方来客。

8月12日 马岭河"漂流"

从富源到马岭河峡谷，有两百多公里路程，我们已经习惯了跳跃式的旅行，第二天上午10点钟就到达了。刚一进景区，巨大的水流声由远及近，却不见河，眼前是水雾浓浓，流水漫道，轮下水花飞溅。车窗外冷风吹来，好不清凉，沁人心脾。按照行程安排，我们选择了马岭河的"漂流"，这也是我人生旅途的一次尝试，因为要做出漂流的决定，还需要消除心理障碍，毕竟我们一行人中有好几位都不会游泳，包括我。马岭河为喀斯特地貌下的地震遗迹，是几百万年前形成的天然峡谷，长年水流不断，瀑布众多，可谓自然奇观，当地人为了增强景点的含金量，开发了马岭河"漂流"项目。由于慕名而来的游客众多，每日都得限制人数，幸好我们是头日网上预定的门票。好不容易排队等到漂流的时间，我们一行七人分到了一组，另分来了几位年轻人与我们一同，大家都穿上了救生衣，坐上了皮筏艇，船头船尾都有安全员，这让我们恐惧的心安定了许多。

下水的时刻，我们的心都绷紧了，手紧紧地拽住绳子，不敢有丝毫马虎。皮筏艇缓缓地随着水流往下漂去。两岸是绝壁悬崖，刚雨过天晴，太阳不露脸，谷中水雾蒙蒙，寒气逼人，似有一线天的感觉。随行的几个男孩趁艇未涉险滩之机，拿出水枪，互瞄互射，弄得大家身上都湿漉漉的。不过还好，大家并没有感到不悦，只是一阵阵尖叫，也许都是在享受这"水枪大战"带来的刺激与欢乐吧！皮筏艇继续往下走，谷中偶有乱石横亘中央，水浪变得激烈起来，船工提醒我们说前面水流开始急了，说话间，皮筏艇像失控的野马，发疯似的撞向急流，那卷起的浪花和水注像打碎了的玻璃，一大块一大块地遮挡了我们的视线，脑中一片空白，大家一阵阵尖叫，当我们清醒过来时，船已漂移到五六米的前方，船工撑着竹竿，稳稳地站在船头船尾，显得镇定自若，好像刚才什么也没发生过。就在这时，前面绝壁处，一条长长的银丝带从百丈高的悬崖飘落下来，哗哗的水流声不绝于耳。船工说在这幽长的谷中，这样的瀑布不计其数，随着峡谷不断深入，河谷水道乱石越来越多，水流越来越急，地势落差也越来越大，惊险刺激度越来越强，我们的尖叫声、欢呼声接连不断。船工好似感觉到了我们这组游客喜欢惊险刺激的玩法，等船靠近一组瀑布时，他故意偏离航向，让皮筏艇从瀑布下面划过，那倾泻而下的水柱像一根根冰棒一样重重地砸在我们每个人身上，无比震撼。甚至船工们在皮筏艇过险滩时，为了增加刺激效果，趁大家沉浸在尖叫声中时，用桨掀起浪花向我们袭来，我们当时竟全然不知。这是我们后来才知道的。由于河谷越来越窄，水流异常湍急，乱石成堆，穿过峡谷的危险性太大，我们沿着河道漂了约两个小时，行程戛然而止。漂流就这样结束了，当离开峡谷时，那惊险刺激的愉悦依旧萦绕在脑中，久久不能散去。

高铁之旅——成都行

　　成渝高铁开通，已是很久前的事了，我们曾畅想着下了班就坐高铁到重庆吃火锅或到成都品小吃而后折返，体味坐高铁的快捷与便利，已是十分容易的事。但直到前几天才有机会得以成行，我与同事带着家人孩子到成都旅游、避暑，当然体验高铁是我们此行最主要的目的之一。

　　外出的前几天，我和家人、同事在网上预定了高铁票，真正感受到了不需排队购票的方便。只需在手机上下载高铁购票客户端，将我们一行六人的身份证号码输入，选定座位等次，付款就完成了购票过程。我想起几十年前第一次坐火车买票的情形，几个同学一起，到菜园坝火车站买票乘车，售票大厅犹如街市赶集，人山人海，买票的队伍排成一条条长龙，等了一个多小时才买到了回家的车票。虽是火车，但速度之慢，让我们整整地在冰冷的车上待了一个晚上，直到第二天蒙蒙亮才到家。那时，我依然是兴奋愉悦的，因为对我来说，坐火车就是一件奢侈的事，而现在足不出户就把票买了，坐高铁也是易事，与当时可谓是天壤之别。

　　7月15日，我们带好行李，按照约定，提前半个小时到达荣昌北站，然而一个小小的意外，差一点就让我们当日的高铁之旅成为泡影。由于对高铁进站的要求不熟悉，坐过高铁的儿子在检票时才提醒我们说必须要凭有效身份证件才能进站，同事的女儿没有身份证，也未带户口本，只能返回家拿证件，误了一点时间。还好，就在停止检票前一分钟，我们全体还是顺利地进了站，有惊无险。不过仔细一想，吃一堑，长一智，坏事就变成了好事！当日，荣昌，气温36℃，我们坐上了G8544和谐号高铁列车，车在安全注意事项的广播声中慢慢启动。由于对买票流程不熟悉，我们的座位不是相邻的，后通过与其他旅客的调换，我们两家人如愿以偿地坐在了一起。车内人不多，有空调，车厢崭新、干净、整洁、舒适，前端的电视在不断播放着各大旅游景点的广告，液晶屏不停地显示着高铁的即时时速，不时有服务员在过道上来回售卖着早点。窗外，瞬间远去的山水树木让我们的眼睛跟不上这速度，我们知道这是高铁列车在提速了，液晶屏显示160、165、180……294、295、297，车内平稳，听不到铁轨的咔嗒声音，只有呼呼风声不绝于耳，我们好奇地感受着速度的提升，也许297km/h就是我们体验到的最高时速了。车快要进站时速度就慢下来了，过站后又提速，窗外的风景一晃而过。大约一个小时就到了成都东站，比我们开车节约了两个半小时，于是我们大家不得不发出感叹：

盛夏旅游选天府，高铁飞速到蜀都。

荣昌出发炎炎日，成华到达冰冰雨。

千里之外一时至，品吃早点恰适宜！

出了高铁站，按照规划的行程，儿子买了到成都最繁华的春熙路的地铁票，我们一行六人又体验了一下成都这座城市的地铁快节奏，不出半个小时就到了站。出了地铁站，外面正下着大雨，在荣昌炎炎烈日的感受还未消除，成都的清凉之夏就扑面而来，大家都不约而同地说着"好凉快，好凉快！"这样的感觉一直持续到旅游结束。

我们在春熙路找了一家宾馆住下后，品尝美食就是我们的首要目标了。都说成都是一座休闲之都、美食之都，看到街道两边各色的美食招牌，我们还有些拿不定主意。一家家热情好客的店主硬是费尽口舌，在我们面前展示着他们的招牌菜，最终我们在香槟广场楼上选定一家川菜特色馆，在二楼的大厅坐了下来，点了两个小朋友最喜欢吃的葱香腰花、小炒黄牛肉、毛血旺、巴蜀烧椒鱼、麻婆豆腐等，着实来了一顿川菜大荟萃，味道独特，大家吃得津津有味，两个小朋友更是开心无比，笑声不断。我们大人也拿了几瓶酒，开怀畅饮，但由于下午有行程安排，我们都有所保留。

午饭过后，我们打车来到了十里外的武侯祠。汉昭烈庙，锦里古街，听游人介绍，武侯祠是为纪念诸葛亮而建，最开始时是与蜀国先主刘备的昭烈庙相邻，明朝初年，武侯祠并于昭烈庙，故大门横额书"汉昭烈庙"，它是中国唯一一座君臣合祀祠庙，是最负盛名的诸葛亮、刘备及蜀汉英雄纪念地，也是全世界影响最大的三国遗迹博物馆，享有"三国圣地"之美誉。遗憾的是我们没有亲自入内一睹其风采。在锦里古街，我们品尝了手工波斯糖、羊肉串、凉拌藕片，观看了川剧变脸，欣赏了古街建筑艺术。在这条街上，浓缩了成都生活的精华，有茶楼、客栈、酒楼、酒吧、戏台、风味小吃、工艺品、土特产，充分展现了四川成都民风民俗的独特魅力。游罢以三国文化和四川传统民俗文化为主的锦里古街，我们又风尘仆仆地到了宽窄巷子。它位于青羊区长顺街附近，由宽巷子、窄巷子、井巷子平行排列组成，全为青黛砖瓦的仿古四合院落，这里也是成都保留下来的较成规模的清朝古街道，与大慈寺、文殊院一起并称为成都三大历史文化名城保护街区。听游人介绍，康熙年间，在平定了准噶尔之乱后，留下千余兵丁驻守成都，在此基础上修建了此城。民国初年才将"胡同"改为"巷子"。当然，这里也是集小吃、古玩、民俗于一体，应有尽有。我们大人和两个小朋友还吃了饶有趣味的冷饮——本宫的茶，算是过了一把童趣瘾。游完三国文化景点，已是下午五点多。当晚我们吃了成都的火锅，让我们感到惊讶的是，成都的火锅店竟然比重庆的还要火爆，我们接连进了几家火锅店，都是爆满，都要排队，这不得不说是一大奇观。

第二天，我们探访了成都青羊区杜甫草堂。它位于浣花溪畔，是中国唐代伟大现实主义诗人杜甫流落成都时的故居。几百年前，杜甫为避"安史之乱"，携全家来到成都，觉得浣花溪河畔景色宜人，便临溪修建了几间茅草屋。杜甫在此居住近四年，创作诗歌200多首，其中的《闻官军收河南河北》《茅屋为秋风所破歌》更是千古绝唱。如今我们还清晰地记得儿童时读过的诗句："两个黄鹂鸣翠柳，一行白鹭上青天。窗含西岭千秋雪，门泊东吴万里船。"当日上午，我们从正门入内，只见今日草堂，古朴典雅，规模宏伟，游人络绎不绝，其中有大廨、诗史堂、工部祠三座主要纪念性建筑物，凸显幽深宁静。廨堂之间，回廊环绕，别有情趣。祠前东穿花径，西凭水槛，祠后点缀亭、台、池、榭，又是一番风光。园内有蔽日遮天的香楠林、傲霜迎春的梅苑、清香四溢的兰园、茂密如云的翠竹苍松。整座祠宇既有诗情，又富画意，是人文景观和自然景观相结合的著名园林。

游完杜甫草堂，已是中午时分，由于迷恋成都的美食，我们又回到了春熙路，在一家环境优雅的川菜馆点了回锅肉、夫妻肺片等特色菜，大家可谓是有着不吃遍四川美食不罢休的劲头。当然我们这次成都之行，吃到的四川美食也只是很少一部分，要想尝尽所有，恐怕十天半个月都品尝不完。

两天的行程接近尾声，我们也有些倦意，下午近六点，我们坐上了回家的高铁，再一次体验到了高铁的快捷与平稳，回味着成都小吃的独特味道，大家心情愉悦，说笑声撒满了回家的路。

2018年7月20日于荣昌

第一辑　海棠花开

石笋山之旅

又到阳春三月，有人说邻县有物美价廉的好去处，农家"三餐一宿"仅需五十元。我不信，世上哪有这等美事，在家人的鼓动下，我心动了，不过我去的目的却有所不同。

出发的那天中午，本想是天高云淡的日子，天却不作美，风起天变，似乎要下雨，我差点退却了，还是家人的坚持，让我坚定了信心。我本想自驾游，可家人却偏要去坐火车，后来我一想也可，这未尝不是一种很好的旅游方式。

火车是慢车，火车票5元钱一张，很便宜，火车还未进站，大家就迫不及待地等在站台门前，把路口挤得水泄不通。像小时候坐火车一样，生怕错过了班车。其实我们只管坐等在候车室，车到站了，站台服务员会主动来叫我们的，也许这是很久没有坐过火车的缘故，那种急迫的心情是可以理解的。车进站了，站台前门开了，大家都往前挤。我发现赶火车的多半都是一些上了年岁的中老年人，他们背着旅行包，手里拿着茶杯，一副外出旅游休闲的样子，让人好生羡慕。好在我也是这个队伍的一员，我已经很久没有体验这种集体外出休闲娱乐的日子了，这次大家一起坐火车外出，也许会别有一番风味。

"呜——"火车在大家的期待中动了起来，窗外的万物也开始动起来了，久居的这座喧嚣繁杂的城市渐渐地淡出了我的视野，我仿佛从这个曾经生活过的地方一下子穿越到了另外一个世界。在淡淡的阳光下，窗外的原野空际无边，片片山林、块块农田、阡陌小径，在眼前一闪即过，看见那农田里干活的小伙子，仿佛就是曾经的我。

　　我感觉到了外出带给我的轻松，这里的空气没有尘土，这里的世界没有纷争，这里的心情没有烦恼，只有火车铁轨的摩擦声音，只有大自然清新的绿，只有车上旅客们的欢笑声。我和家人也融入到了这个快乐的队伍中，与大家一样尽情地享受着这段火车之旅。火车上的乘客不多，好像只有从始发站上的旅客，稀稀落落的，也正是我们一行人的到来，才填补了这趟火车的空座。我们向列车员打听，这趟车为什么人这样少，他解释说，车是才开通的，慢车次，每个站都要停，但为了服务当地的老百姓，他们新增加了这趟班车。是啊，在这个火车大提速的时代，既要适应经济的高速发展而提高速度，也要带给普通老百姓慢车的方便与享受，让所有人都能得到经济高速发展带来的福泽。我们的火车之旅在短短的两个多小时的旅程中结束了，大家在意犹未尽中下了车。

　　下车的地方叫柏林站，也许是因为这里的柏树多而得名，我没有去探究。路人告诉我们，这里就是我们要去的目的地的山脚下。大家开始兴奋起来，抬头望望，眼前的山并不是很高，在我们的印象中这样的地方并不少见，我感到有点失望。难道他们所说的好地方就是这个样子吗？我宽慰着自己，不会不会。

上山的路很窄，铺了一层石板，路的两缘杂草丛生，雨露未尽，山中的天气还有点冷，不见太阳，空气中弥漫着恶臭，这是丛林里腐烂的树叶散发的味道，看来这里昨晚刚下过雨，也许这是山上雨后特有的味道吧。我正埋怨这里的天气，走了大约十多分钟，有人说到了，我们一看，这不就是一家农民的房子吗？与我们当地的农家没有什么两样吧！细看农房隐卧山腰，背靠竹林，视野开阔，山下尽收眼底，也还算是个好地方。

出来迎接我们的是一位中年女人，脸黄黄的，穿着朴实大方，说话大声，没有想象的山野村姑文静好看，但看得出，她那举动让人亲近，让人觉得可信。我带着一股好奇的劲儿，首先到了她们的厨房去打探，农家的老老少少都在里面忙碌着，厨房虽然有点乱，但还算干净，里面摆满了各式各样的农家菜，有胡豆、血皮菜、竹笋、耳子、莴笋、豆花、腊肉以及一些不知名的野菜等。我试着问："这就是我们晚上要吃的吗？"里面的人微微笑道："这些都是我们自己种的或在山上采摘的。"我看得出他们的眼神里显露出一种自豪。从厨房里出来，我们又到住的地方看了看，楼房有两层，客房为两人间或三人间，有带卫生间，有不带卫生间的，浴室设备齐全，唯一与城市宾馆不一样的就是没有电视。但又一想这里是山间的农家，又何必要求它与城市的宾馆一样呢？也许这就是农家院的特别之处吧。一路的疲劳并没有减退大家玩乐的激情，我们中有的一到这里，便互相邀约着玩起扑克来，玩到尽兴时便笑着叫着，全然不顾周围人们的感受，好似要将平日的疲劳尽情宣泄出来，尽情地说笑着。

我和家人对玩牌并没有兴趣，想去探寻一下大山深处的风景，于是便出了农家，往屋后山上走。一条公路，蜿蜒曲折，我们一路蛇行前进，公路两边，竹海茫茫，松涛阵阵，远处云雾缭绕，好似又回到了早晨。向上看，最高峰仿佛就在头上，其实不然，要想爬到最高处，得翻越好几座山。我们有点灰心，因为怕天色晚了会迷路，正当我们犹豫之际，忽见前方豁然开朗，有一座石牌坊，上书"石笋山风景区"字样，这里就是有名的重庆永川石笋山风景区。回想起在我来这里之前，没有人向我提起这里是个风景胜地，吸引大家慕名而来的就是这里的农家之地，没想到还能有幸目睹一下这座石笋山的真容！

穿过牌坊，我们游山的兴致更浓了，刚走不到一百米，见两山之间，有一汪池水，水蓝而深，深不见底，两山翠松倒映，苍穹反罩其中，不得不说此地为一处绝佳的美景。也许是这里精明的人为了让其美名远扬，为其杜撰了一个美女沐浴的传说，并因此将此湖命名为孔雀湖。湖景醉人，令人心旷神怡，我禁不住吟诗一首："孔雀湖水蓝又蓝，慕名睹身真又真。美女沐浴是虚幻，往来游人源不断。"游罢湖水，一路人叫我们往湖水源头方向前行，老远就见一硕大的"佛"字刻在一石壁上，让人顿生敬畏。有虔诚信佛者，不免双手合十，口中念念有词。沿石壁后小石阶而上，有一小溪由山涧倾流而下，清澈见底，水声潺潺，长年不断。也许这就是这座石笋山的灵气所在吧！此时，林外天气有了变化，太阳出来了，头顶上的点点阳光洒落而下，照在我们的脸上、身上，让我们顿感一丝暖意。此时我突然想起了王维的"明月松间照，清泉石上流"，可惜我们是在下午，没能体味到这里的晚景。石阶往密林深处延伸，越来越陡。猛然间，我们发现，一座直立的山峰横亘在我们面前，山际有一天阶直通山顶。看此景，想必此处就是传说中的"男石笋山"吧！为了一探究竟，我突然有了攀顶的冲动，心想在那里一定有"会当凌绝顶，一览众山小"的感觉。可是与我们同行的家人对此望而却步，她们被眼前山峰的巍峨险峻吓住了。无奈之下，只得叫她们在原地等候，我们几位男士只身前行。上山的路比我们想象的要陡得多，刚爬到一半的时候，我们就有点气喘吁吁了，而且不敢往下看，脚还有点发抖。正在进退两难的时候，一人鼓励大家说，无限风光在险峰，要想欣赏这里的美景，不到最险要的地方去是不会有收获的。是啊，都快到顶峰了，我们不能放弃。也许就是这句话给了我们无穷的力量，我们完全忘记了艰难，脚一下子有劲了，在不知不觉中便登上了山尖。山顶上，我看见了一座寺庙，看到了山的全景，发现了踩在脚下的山峰的确像是雨后破土而出的笋尖。我终于明白了这石笋山名称的来历了。原来这里还有一个美丽的传说：在这座山里，曾有一对情侣，他们从小青梅竹马，到了谈婚论嫁的时候，一恶霸上山抢亲，少女为追求幸福，坚决不从，愤而投湖，后来男子也忧愤而死，二人便化成了两座山，遥相呼应，便有了现在的男石笋山与女石笋山，那山下的孔雀湖便是因这少女每年六月要到湖里沐浴而得名。这是寺庙里的一位老婆婆告诉我们的，老婆婆看起来已接近八十岁了，一直住在这山上，她又是怎样上来的？是怎样长年守在这里的？最让我感动的是，她给了我们水喝，她说我们上山一定渴了，水是生命之源，幸福之源。我们问她水是怎样弄上来的，她说是背上来的，我很是感动。我感觉得到，这位老婆婆很善良，她或许就是传说中那位美少女的化身吧，她要在这里守一辈子，而在这古稀之年，她要把美好留给人间。

天色已晚，我们惦记着山下的家人，下山的时候，我们感到了一丝轻松。当我们回到农家的时候，农家的主人早已摆好了饭菜。那天晚上，我们几个男士还喝了酒助兴。桌上的菜，看起来油荤很少、很朴实，没有大鱼大肉，但我们吃起来很香、很满足，也许那一晚是我在外面吃得最饱的一次。这不是我一个人的感觉，同桌的人都有同感。难道是饭菜便宜的原因吗？可是我们这一群人也不在乎这一点，就在我百思不得其解的时候，农家的女主人又端菜来了，说怕我们不够吃。我有点诧异，就收那么一点钱，她们却给我们准备了这么多菜。我又注意到她那可亲可信的面容，听到了她朴实热情的话语："大家吃好，就是菜简单了一点。"

"就是菜简单了一点"这一句话，让我突然明白了，这里的农家菜之所以让我们觉得满足，就是因为简单，贴近农村生活，没有过多的修饰，真真切切地表露他们为人待客的真实的一面，她们在游客面前很真诚善良，不像有的景区，见客就宰，见利忘义。正是这样，此处的农家，一到节假日，客人就络绎不绝。我相信了邻县的"三餐一宿五十元"的旅游套餐。因为那里有一群美丽善良的石笋山人。

第二天，我又游了女石笋山、寨子门、猕猴桃基地，在那里，我们又听到了同样动人的爱情传说，遇到了同样笑容可掬、真诚善良的石笋山人。

第二辑　月夜深深

月夜深深，这里灯火通明，值班室又宁静了下来。那位母亲急切期盼的眼神，怎能让我安静地睡下？看来今晚又是一个不眠之夜。因为明天，路上还有一个个需要帮助的失足者等着我们为他们点亮一盏盏启明灯。

月夜深深

　　从早到晚，按部就班地重复着工作、生活，像这样日复一日，已过多年。

　　今晚我值班，时间已冲淡了我的激情，眼前没有了明亮的闪光点，不需要我做很多，只要守住安全的底线，我就可以入眠了。但重复的动作太久，疲劳就随之而来。好不容易到了晚上，倦意就来了。窗外，半空月亮高挂，寂寥无比。月夜森森，我关好门窗睡觉，和衣躺下，轻易入梦，梦中正是"迷离的星空，独自远行，休憩于清泉石边，享着潺潺水流击乐，好不清闲"。突然，有人轻轻叩门，我被惊醒，梦境戛然而止。拖着疲惫的身躯从床上起来，我有些不情愿，怒形于色，似乎有点迁怒于惊扰我的人，转而一想，这本就是自己职责所在，没有任何诉苦的理由。刚刚静下来的值班室里，一下子又热闹起来，原来是一位民警送来了吸毒的失足少年。看得出他们对这个吸毒少年的惋惜与痛心。这位年轻的民警，说话带着童真，也就跟那个吸毒者年龄相仿，他说话亲切，语重心长地教育了那位吸毒少年一番，而那吸毒者却显得不屑一顾，满不在乎。看着年轻民警犯难着急的样子，我走上前对他说："把人交给我们吧，也许让他在高墙内接受特殊的教育更合适。"

不知什么时候，值班室里突然进来了一位陌生人，仔细一问，才知道是吸毒者的母亲。我有些生气，斥责了门卫，年轻民警极力想把那位母亲送出去，可是那位母亲的眼泪最终打动了办案的年轻人。他把母亲请到大厅的沙发上，俯着身子，仔细倾听着那位母亲的诉说。而后年轻民警详细地向那位母亲介绍了吸毒少年的堕落过程，并做了一些管教建议。听了民警的话，那位母亲似乎把儿子的一切希望都寄托在年轻的民警身上，她再也没有说话，走出了大厅。不曾想那年轻民警急急地在登记簿上签了字，转身走出大厅，追着那位母亲喊道："阿姨，等一会儿，这么晚了，一个人回家不安全，我们送您吧！"与其随行的民警却不情愿地说，还没吃晚饭呢！我有些惊愕，这么晚了还没有吃饭？细细看了一下时间，已是深夜两点多钟了。

大门外，两柱光晃动着，划破了漆黑的夜空，公路上已没有了车流，只有闪烁着警灯的车载着一位母亲向远处奔去。那位民警的举动着实让我感动，他改变了我对现在一些年轻民警的看法，我曾以为他们大多是养尊处优，不愿吃苦，特别是那些基层的年轻民警。而他就是如今优秀基层民警的真实写照——起早摸黑，关爱民众。是啊，他们是基层一线的刚从大学毕业出来的新生力量，他们为了惩恶扬善，为了让百姓得到安宁，为了让有难的群众得到帮助，不分白昼，饱一顿饥一顿，有时候甚至要冒着生命危险。眼前的这位失足者，年纪轻轻就沾染了毒品，如果没有几位民警的帮助，他恐怕就会深陷泥潭，走向犯罪的深渊，再也不能自拔。那位母亲渴望得到帮助的眼神，也许真的感动了这几位年轻民警。在我的印象中，年轻气盛、干净利落就是他们的个性，而现在他们也成了一个个苦口婆心的教育者，他们说的话是那样的语重心长，那样的真诚细腻，让我意想不到。

我的心里再也没有深夜被搅扰的怨气，只是倦意袭来，但想着还在路上陪着那位母亲回家的民警，这点倦意又算什么呢！我打起了精神，小心翼翼地检查了安全设施，为吸毒少年安排了床位，让其安稳地睡下才离开。月夜深深，这里灯火通明，值班室又宁静了下来。那位母亲急切期盼的眼神，怎能让我安静地睡下？看来今晚又是一个不眠之夜。因为明天，路上还有一个个需要帮助的失足者等着我们为他们点亮一盏盏启明灯。经过这次事件，我改变了工作态度，从那以后，但凡那些基层的民警来所，我都感到很亲切，为他们打理好工作的一切，因为我在这里就是要为他们服务的，这就是我工作的闪光点。

放置一边的包裹

我签收了一份包裹，不知是谁送来的，也不知道里面装的是什么，我已习惯了经常收到那些推销书籍杂志以及钟表警用器械之类的广告，也就没有管它，放置在了一边，久而久之我也就忘记了。

最近这一段时间，由于所里警力偏少的原因，我不得不与民警一道参与监控巡视。时段被安排在午夜。我知道，以往的民警深夜巡视，一进入那监室大门，开门响声足以让每个睡得正酣的被监管人员从梦中惊醒，巡视的民警那自由迈开的脚步，在空空的走廊上发出很有节奏的"咚咚"声，让人难以入睡。也许这是每个巡视民警最基本的动作，而且我们也无须在乎他们的感受，因为这是民警的职责，是监所安全工作的保障，没有人会出来指责我们。然而有时我发现当民警巡视过每个监室的时候，他们一个个翻转着身子表露出一脸无奈的样子，不知道他们是不是在向我们表达一种敢怒不敢言的情绪，我有些说不出的感觉。

我试着改变这种做法，想采取一种不声不响的巡逻方式，以便更好地发现监室的问题。进门的时候，尽量不弄出声响，在走廊上巡视时，我尽量放轻了脚步。刚开始的那几天，我发现了监室里一些违规的问题，狠狠地批评了一顿。但后来这样的问题就渐渐地少了，每当我巡逻的时候，他们睡得是那样的沉，足以让我放心当晚的安全了。只不过是这里的夜，让我感到比以前静多了，凉意也增加了不少，好在那监室的鼾声成了伴我巡视的一种独特伴奏，让我不再感到寂寞与孤独。于是那种尽量不发出声响的巡逻方式成了我工作的常态。渐渐地他们好像对我有一种依赖，因为我发现，他们不到深夜，不到我来巡视的时候，他们不会真正入睡，这让我感觉到很奇怪。

　　直到后来有一天，我到监室去查房，一个戒毒人员问我是否收到一份礼物，我才想起了前些日子丢在一边的那个包裹，于是我才匆匆地从一大堆杂乱的废旧杂志堆里翻出那个包裹，打开一看，里面有一个热水袋，还附了一封信："亲爱的警官！我吸了毒，进了戒毒所，常常违反室规，让你们费心了，但因为我有一个小毛病，晚上听见那'咚咚'的脚步声我就睡不着觉，是后来你的巡逻方式改变了我这种状况，让我每天晚上都能睡个好觉，这让我非常感激，这次我虽然还是被送进了康复中心，但我还是要委托我的母亲给你送上一个小小的热水袋，以便你在巡逻的时候好暖暖手，因为晚上太冷了。"署名为一个堕落的吸毒人员。

　　我没有想到我的小小举动竟然能感动一个被人们认为屡教不改、反复无常的吸毒人员，也许那个举动让他们感到我们是尊重他们的，让他们觉得我们这些管理者能尊重他一点点小小的生活习惯，让他们觉得自己还是一个正常人，只是一不小心失了足，需要家庭、社会的关注，需要国家的帮助。

　　渐渐地我对自己的工作有了一种新的认识，我们不能以管理者自居，高高在上，我们面对的是一种失去自由的违法者，他们最渴望得到的是什么？一个是平等交流，一个是尊重他们的人格，把他们当正常人对待。当他们感觉到自己被别人当成普通人对待的时候，他们的仇视或逆反心理就会得到暂时的平衡，对抗情绪就会得到舒缓，我们的工作就更容易开展。

　　在后来的一些工作日子里，我们把那些吸毒人员当作是心理等方面需要帮助的人，从一些生活、管理细节入手，无论是生日还是节日来了，也不管是天气冷了还是天气热了，都送上一份小小的礼物，哪怕是一句关心的话，他们都感到了民警的温暖，感到了党和政府的温暖。

　　我想，我们的工作能够顺顺利利、安安全全地开展，原因就在于此吧！

老利警官

在通往戒毒所的路上，常常会看见一位身穿警服、两鬓斑白的老头。无论是盛夏酷暑，还是寒冬腊月，他都迈着坚定的脚步，不知疲倦地在这条路上穿梭，风风雨雨走过了十几个春秋。他就是我们所里年纪最大的同志，大家都称他为老利警官。

老利警官刚来所里时，说自己是部队的文化教员，当过干部，所领导让他当了管教员。不知道戒毒所换了多少任领导，来了多少新生力量，记忆中有许多同事只是来了又走了，走了又来，可老利警官的管教岗位始终没变，他就像一颗螺丝钉拴在那里一动不动。有人问他："咋就不要求换一换岗位呢？"他总是笑着说："这个工作我熟，我最懂戒毒娃儿的心了。"放不下这里的戒毒娃儿，他默默无闻地一干就是十年。

前些年，戒毒所收治了一位十八九岁的吸毒青年。他入所后就呆呆地坐在病室墙角，目光呆滞，不说一句话，几次想撞墙自杀都被制止了。老利警官知道后先查阅了他的个人资料，了解了他的情况才开始接触这位吸毒青年。没有斥责和威慑，而是从父母的关爱、读书历程、美好的未来作为切入点，老利警官帮他勾起对浓浓亲情的渴望、对美好快乐时光的回忆，激发他对未来生活的信心，让他从心灵深处感触到毒品的危害性，从而对毒品产生刻骨铭心的痛恨。就这样，老利警官用语重心长的话语打开了他的心扉。

多年来，老利警官就是用这样独特的交流方式让戒毒者敞开心扉，向他讲述一个个悲凉的故事。老利警官总结出，戒毒的年轻人多半都是父母离异，家庭残缺不全。缺少亲情关爱是大多数青少年戒毒者的病根，因此除了正常的交流谈心工作外，他还担当起戒毒者的亲情联络员。让戒毒者下定决心戒毒是老利警官最大的心事，为此他常常出现在派出所、社区、居委会，在那里找寻他们的亲人，苦口婆心地当说客，当调解员，为的是给戒毒者一个完整温暖的家。当和好如初的父母重新关爱自己的戒毒儿女的时候，当痛哭流涕的戒毒者在自己面前真情表白决心的时候，老利警官懂了什么是将心比心，什么是付出终有回报。

为了保障戒毒人员的合法权益，老利警官为戒毒人员提供通信工具与亲人交流，陪着戒毒人员到民政大厅办理结婚登记，亲自教他们怎么跟父母沟通，如何整理衣服。他就像老父亲一样唠唠叨叨，问寒问暖，总是不放心这些走上歧途的娃仔。而让老利警官感到欣慰的是一批批戒毒期满的学员，走的时候总要到老利警官面前说一声："谢谢了！老利警官，我们不会再在戒毒所里相见了！"

前段时间，为了响应市县局的统一号召，老利警官二话没说，交接好手中的工作，每天起早摸黑到10公里外的双河中学当起了校警来。老利到校时间不长，但学校的安保工作已经被他布置得井井有条。学校的老师和学生都说学校的每个角落都留下了他的脚印，他比在这个地方待的时间最长的老师还要熟悉学校的环境。因为老利警官知道，在这个地方待一天，他就要对学校的安保负责一天。他眼里看到的是学生的安全，校园的宁静，祖国的未来。如今，他早以融入了老师和学生中，面对着学生们春天般笑容，他的内心充满了自豪。

今年学校放假期间，由于拘戒所收戒人员猛增，安全工作压力增大，拘戒所警力缺乏，所长找到老利问他能不能再回所里一段时间。老利警官欣然接受，并且圆满完成了工作任务。老利总是觉得回到这里是落叶归根，他很想与自己长年累月战斗在一起的同志们继续并肩战斗下去。他坚信自己是一块砖，党和人民哪里需要就往哪里搬。

如今老利警官已经退休了。走的时候，他说已经记不清这里来过多少戒毒人员了，但仍对戒毒所的一草一木、一砖一瓦、一边一角、一人一事记得清清楚楚，因为这里有他钟爱的事业，有他可爱的家人。

节约水电，从我做起

炎炎夏日，酷暑难耐，用电高峰期来临。所领导又一次强调节能降耗，提倡低碳生活。但当月一事却让他尴尬无比。一天，局里来电称，办公费用超支，暂停报销。领导顿感事情突然，但又不宜声张，怕同事猜疑开支不当，其实自己一向勤俭节约，也没有不当开支之处，便询问超支缘由，得知为水电费严重超标。领导心想，所里节能降耗之事，自己平素三令五申，人离水断，人走灯熄，人人保证遵规守纪，何来超支？但此事非同小可，如不根治，势必影响正常办公，如若停报，恐致人心不稳。但如果马上兴师问罪，又怕无人担责。

所领导眉头一皱，计上心来，他告知大家最近所里要新来一位实习生，望大家费心"师带徒"。没几日，果然来了一位实习生，大家叫他豆豆。他自称外地人，本地无亲。只能天天小住所里与大家朝夕相处。领导安排豆豆独住一室，同事甚感异样，房间向来紧张，新人独居尚无先例，不知领导是何意？大家甚至猜测此人与领导关系云云。不过豆豆是小住，也就没过多计较。豆豆一来，甚为勤快好学，每天总是第一个起床，喜欢到每位同事办公室、住处去走一走、看一看，甚至是卫生间也不放过。他见到每位同事，都要请教上一两句，好像是要把所里的全部业务学到手。同事们渐渐地喜欢上这位实习生，一有事也喜欢叫他帮忙，一有什么心里话也喜欢与其摆谈。不多久，豆豆对所里每位同志的生活工作习惯已是了如指掌。豆豆实习期满，临走时交给领导一封信，说是让领导在他走后当着所里每一位同事的面拆封，大家不知何故，心里猜测着莫非是感谢信？

星期五，领导召集开会，通报所里水电消费情况，以及可能面临的后果——暂停报销办公经费，大家是愤愤不平，都说自己是节能的模范。果不其然，与领导预想的一致，无人主动自查检讨。领导这才向大家说出实习生豆豆来所的真实意图。他镇定自若地拆开了豆豆的那封信，里面竟然是厚厚的一叠用水用电记录，让同事们大跌眼镜。此时领导不知为何表情显得有些慌乱，转而又故作镇定。原来里面除了有其他同事的用水用电习惯记录外，竟然也有领导自己的记录。"所领导：4日，12时33分，午休前洗脸用水，水龙头没关严。午休时办公室空调未关。同事一：5日，9时至5日12时，办公室白天开灯，空调开至16度。同事二：6日，10时，洗手间用水上厕所期间，水龙头未关。同事三：7日，11时，上厕所后，冲水马桶渗漏未叫人及时维修。同事四：8日，12时，人离开办公室时，开水器长时间未关。同事五：9日，9时，空调开启时，窗户未关，温度开至16度。同事六：10日，18时，下班时办公室灯未关，电脑未关。同事七：11日，17时，风扇未关，办公电脑未关。同事八：12日，电脑显示器未关，打印机电源未关……"看到这些记录，同事们是目瞪口呆，现终于明白了，原来领导请来的实习生就是一个"卧底"，他哪是来实习的，分明就是来"窥视"大家的陋习的。而专门让豆豆独住一室就是好让他秘密记录每位同事的用水用电坏习惯的。大家如梦初醒，又气又恨又好笑，不过"卧底"也没有放过领导，这让大家的心理得到了平衡。

领导翻看了记录自己的那张纸，突然，他发现背面有一句话："领导，我是所里的调查员，公正全面是我职业的底线，不好意思也将你的习惯作了记录，我也是一个环保节能志愿者，环保节能从我做起，从每个人做起。"领导阴沉着脸，本想生气，怪豆豆不懂事，但转念一想，豆豆的调查也是为了发现并解决问题，节能降耗自己也不能置身事外。领导拿出早已准备好的节能倡导讲稿，向大家强调起来："这次水电费用超标，是我们每个人的节约用电用水意识不强，都存在有用水用电不良的习惯，大家都要检讨，现在我们要从思想上崇尚俭朴，以勤俭节约为荣、铺张浪费为耻，抛弃'家大业大，浪费点儿没啥'的思想。我们要把节能降耗变成发自内心的愿望，树立一种'节能光荣，浪费可耻'的意识。我们要用实际行动从身边每一件事做起。节能降耗就在我们的身边，现我向大家表态：节能从我做起，节能向我看齐！"

其实我们在工作生活中，不要认为自己不经意间的一点小浪费无关紧要，要是每人想法和做法都一样，那全国十几亿人浪费的水电数目将会是一个天文数字。据统计，一个关不紧的水龙头一个月将流失1至6立方米水，一个漏水的马桶一个月流失3至25立方米的水。日常工作中，下班关闭电脑主机后不关显示器、不关打印机电源开关的现象十分普遍。如果全国所有的办公电脑下班后都如此，每年浪费的电将在12亿度以上，这些数据是多么的可怕。庆幸的是我们越来越多的有识之士认识到了节能低碳生活的重要性、紧迫性，上至国家领导，下至平民百姓，都认识到节能环保是我们与自然和谐共生的重要条件，是富国强民的重要举措。我们作为机关单位的一员，更没有理由不响应国家的号召，而一个机关单位强调节能降耗，不能只停留在领导的几句空谈上，做做样子，拉拉标语，过一段时间就淡化了。要真正落实这个利国利民的重要举措，我们的领导不仅要亲自示范带头，从一些看得见的细节入手，带领督促每一个人做好、做到位，还需要长期坚持，永不间断，只有这样，我们的口号，我们倡导的目标才能变为现实。毋庸置疑领导的榜样力量是无穷的，潜移默化地影响着单位的每一个人。作为员工也要向领导看齐，从严格要求自己做起，从节约一滴水、一度电做起，从自身岗位做起，持之以恒地把一些诸如随手关灯、关水、关电脑、关电源这样的小细节做好，千遍万遍，自然就养成了良好的生活节能习惯，你我就能够成为成功的节能者。

第三辑　做荣昌文化的传承者

正是荣昌具有悠久历史文化，才孕育出了无数优秀的荣昌儿女，作为荣昌人，我们应该感到自豪，但愿我们再也不要犯原来的错误，做一名切切实实的文化传承者、保护者。

做荣昌文化传承者

前些天，市作协的郭老师赠予我一部书，书名《棠香荣昌》，我看后颇有些感触。这部书很好地囊括了古老荣昌的历史文化，人文地理，现代风貌等方面的内容，整部书以历史的视角，科学的态度，写实的手法，全方位展现了荣昌的过去与现在。书中一件件惊天动地的历史事件，一个个鲜活的历史人物，一处处人文风景，无一不反映出荣昌的历史文化源远流长。我看后不免有些激情涌动，心潮澎湃。

荣昌是我的故土，是生我养我的地方，但我却对荣昌的人文地理知之不多，不得不说是一种遗憾。用文字美化家乡，美化自己的故土，无疑是每个文学爱好者心中的愿望。然而，当你在感叹那些人文风景的惊奇美妙时，却发现不了解它的历史和由来。有时兴致正浓，也会用一段段秀美的文字写出一些看似感悟的东西，但当你在某一天仔细回味的时候，会否感觉到它显得何其的空乏无味、苍白无力呢？我的答案是肯定的。也许这本书恰恰弥补了我在这方面知识的不足。

曾几何时，我想把自己年幼生活的地方，以文字的形式写在我的岁月留痕里，多数都因为自己对故土的风土人情缺乏深度了解，每每写到一半，就会因为内容索然无味，就戛然而止，束之高阁。当我获赠《棠香荣昌》这本书后，书中的人文地理故事感染了我，让我知道了荣昌不仅物产丰富，人杰地灵，而且历史悠久，文化古朴厚重，其中让我感触特别深的是书中那古佛山下的罗汉寺，那里曾是我幼时读书学习的地方，给我留下了不可磨灭的印象。为什么那么完美的寺庙却遭到了毁灭性的破坏？我曾百思不得其解。

记得小时候，父母将我送至离家不远的地方上学，当我到学校时，才发现那里曾经是一座寺庙，到处是残垣断壁、杂草丛生的景象，不免心生恐惧，不敢独自出行。我们的教室是土墙瓦屋，高大宽敞，桌椅也是石桌木椅。老师说教室是由曾经的佛殿拆毁而建，那房梁粗壮如簸箕，瓦宽如扇叶。在那个年代，能有这样的教室，已是我们这些乡下孩子的最大福气。那时候幼小的我们常常被一些裸露在外面的怒目圆睁的佛头、横七竖八的佛像的残肢断臂吓得魂不守舍，老师安慰我们说世上并没有什么鬼怪，那些七零八落的佛像残片，只是封建迷信的遗毒，捣毁弃之荒野，未尝不可，没有什么可怕。我们相信了老师的话，因为在那时的认知当中，老师说的都是对的。

后来，我们走出了这座寺庙，到更远的地方求学，知识阅历有所增长，渐渐地我认识到先前老师说的并不全对，因为当我回到那个我曾经学习的地方时，来来往往的路人，个个都摇头惋惜：要是这座寺院能保存到现在该有多好啊！是啊，这么完美的地方，怎么就遭到了破坏呢？要知道，繁衍生息在这里的荣昌人，依靠勤劳和智慧创造了丰富多彩的荣昌历史，孕育了璀璨的海棠香国文化，他们的智慧结晶却被后人不屑一顾，毁之而后快，难道说这不是我们这些现代人的耻辱吗？

虽不知道那些捣毁者究竟是出于什么心态而仇视寺庙，但有一点毋庸置疑，就是那些曾经动念亲自捣毁者，一定为自己的愚蠢行为后悔不已。他们捣毁的只是佛像的躯体，但却抹杀不了古佛山曾经的历史。好在现在的人们已渐渐地认识到了，那古佛山下残存的书有"西来第一禅林"字样的石坊，不仅仅是千年古刹的历史见证，也是我们古老荣昌曾经辉煌灿烂的佛教文化的见证。

《棠香荣昌》记录的虽然只是片段，却弥足珍贵。正是荣昌具有如此悠久的历史文化，才孕育出了无数优秀的荣昌儿女，做为荣昌人，我们应该感到自豪，但愿我们再也不要犯原来的错误，做一名切切实实的文化传承者、保护者。

爱国、爱荣昌、爱家乡

——读《荣昌英才、统战记忆》有感

　　工作之余，拿起《荣昌英才、统战记忆》这本书，读着鲜活生动的仁人爱国故事，一个个有血有肉的荣昌名人形象浮现在我的眼前：

　　有德艺双馨的良医刘志勋，他对达官贵人不屑一顾，却对平民百姓怜爱有佳，救民于水火。

　　有不屈不挠的革命党人张培爵，他在革命道路上立志于民主，不为高官厚禄所动，不因革命道路之艰险而退缩，视死如归。

　　有从军报国、主动请战的抗日英雄王麟，他在守卫滕县的战斗中，身先士卒，决心与城池共存亡，在身负重伤的情况下，仍坚持指挥作战，最后壮烈殉国。

　　有才华横溢的国画大师陈子庄，他在艺术生涯中，不墨守成规，坚持走自己的路，独到创新，艺术成就极高，被称为中国的梵高。

　　……

　　遥想着过去的荣昌这块土地，有多少这样的英雄人物，看到满目疮痍的国家，他们忧国忧民，把自己的命运交付于为国家的前途而奋斗，至死而终。

在从前那个风雨飘摇、动荡不安、方向不明的年代，荣昌人走出了棠城这片热土，去寻找自己的人生道路，他们遇到了革命的先导，认定了救国救民的真理。他们对自己的选择深信不疑，沿着曲折而悲壮的革命道路一直走下去，他们不是为了今生，而是为了将来，为了国家兴旺，人民的幸福而奉献了自己的一切。

每每读到他们在与封建主义、帝国主义、反动派抗争的生死关头，我都感到一股热流往心坎上涌，因为我看到的是他们置生死于不顾，看到的是大仁大义，看到的是民族气节。他们的惊天举动，怎能不让人感动呢？特别是同样做为荣昌人的我们，怎么不为之而感到自豪呢！

也许正是在这些仁人志士的引领下，千千万万的追随者前仆后继，冲破了血路，找到了光明，取得了革命的最后胜利。这些革命先烈们，为我们的昨天、今天扫清了道路，铺垫好了路基，让我们在阳光的照耀下，走在社会主义的康庄大道上。

他们的壮举，源于爱国，爱自己的民族，爱荣昌，爱自己的家乡。他们希望自己的国家繁荣富强，希望自己的人民殷实富足，他们相信自己的鲜血不会白流，相信自己的努力不会白费，因为会有后来人踏着他们的路子高歌前进。我们的前辈走过了最阴暗的险程，迎来了社会主义的今天，国家富强了，人民富足了，也许我们的先烈们在九泉之下也能安息了。

如今，当我们走在荣昌这块热土上，我们看到的是欣欣向荣的城市，处处充满新气象的农村，进而可以看到整洁宽阔的街面，琳琅满目的商品，高耸入云的楼台，快速穿梭的车流，能有今天之气象，能有今天之富足和谐，我们的先烈前辈们功不可没。

能有今天的成就，我们是不是可以满足了呢？不能，因为我们的先烈前辈们的在天之灵仍注视着我们呢，他们不会答应我们就此停止不前的，因为他们饱受了国家贫穷落后之苦，饱受了被敌国侵略之痛。也许一个没有真正经历过落后被欺辱的人，是不会有切肤之感的。前事不忘，后事之师，我们要沿着先烈们的足迹，继承和发扬他们优良的革命传统，爱国、爱荣昌、爱家乡。

爱国、爱荣昌、爱家乡不是一句空话，我们要有实际行动。当前，荣昌正处于经济建设的关键时期，全县上下共同致力于重庆市西部中心城市的建设。这既是对荣昌人的一大考验，又是历史赋予荣昌人的重任。也许一个人做不出惊天动地的事来，在整个建设大业中起的作用不大，但是我们要坚信，涓涓细流，可以成江河，众人划桨，可以开大船。每一滴水，每一只手，都能够在荣昌的建设中发挥作用。

参与就是一种最好的出力方式。最近这几年来，在党和政府的领导下，荣昌提出了"平安、健康、快捷、幸福、森林、和谐"的口号，要求从我做起、人人参与，这大大提高了荣昌人的"精、气、神"，荣昌的建设突飞猛进，经济指标在区县名列前茅，先后获得了"全国卫生城市""全国园林城市"等称号。这些就是我们每个荣昌人参与的结果。坚持从我做起，坚持自己既定的目标、方向，树立信心，跟着党走，持之以恒，我们身边的每一件小事，每一个细节，哪怕是小到自己的言行举止，只要我们做好了，都会闪闪发光的，都会为荣昌的建设添砖加瓦，都会为荣昌的美丽增添一点色彩。创新是我们走在发展前列的保证。现在棠城荣昌是一个我们引以为豪的地方，但我们不能满足于现实。无论是周边县市，还是全国各地，他们都在你追我赶，加速发展，我们不能在原地睡大觉，要树立"生于忧患，死于安乐"的意识，这是前人的古训。我们要最大限度地发挥我们每个荣昌人的潜能，开创荣昌经济、政治、文化多方面建设的新局面。只有这样我们荣昌才能在社会主义现代化建设中立于不败之地，成为佼佼者。做为荣昌一员的我，只有在自己的工作岗位上，做好本职工作，积极参与县各项活动，创新工作思路，做一个爱国、爱荣昌、爱家乡的真正的荣昌人。

荣昌这个重庆西部之都，已成为了名副其实的渝西明珠，荣昌的名字，响彻了重庆，响彻了全国。这是每个荣昌人都应该感到骄傲、感到自豪的事。我们在任何时候、任何地方都不能忘记我们荣昌的先烈们，他们的灵魂，他们的精神——爱国、爱荣昌、爱家乡，像天空中的太阳，无时无刻不照耀着我们走向明天。

吃在路孔

清清路孔河，悠悠大荣寨，这是令我神往的地方。我很早就想领略路孔的风光了，可由于种种原因没能成行。前些日子，几个朋友约我到路孔古镇一游，其实我知道他们的意图，除了那里风光秀丽之外，几张贪吃的嘴无非就是想去品尝一下那里的美食。我们早就听说路孔古镇的鱼很好吃了，奔的就是那里的"路孔一绝"——"翘壳"。

其实，我也对这种具有怪异名称的鱼很感兴趣，因为我从来没吃过，也没有见过。为此，到路孔之前我还查阅了相关资料，知道了这种鱼的来历。这种鱼为什么叫如此奇怪的名字呢？原来这种鱼体形细长侧扁，呈柳叶形。头背面平直，头后背部隆起，眼大而圆，鳞小，前部略向上弯。体背为浅棕色，体侧则为银灰色，一张凸出而翘起的大嘴格外引人注目，由此而得名。不过这种鱼一般不产于南方，能够在荣昌的路孔河繁衍生存下来，实属不易。也许是"翘壳"依恋荣昌路孔的美景，沿着长江水系不远千里逆流而上扎根于此吧！

人们常说："到了路孔不吃鱼，枉来古镇莫叹息。"说的就是来到路孔一定要品尝这种野生鱼类"翘壳"。但要真正吃到路孔的"翘壳",也并非易事。那天我们几位友人驱车前往路孔古镇,一条新修的阔路让人心旷神怡,一路秀美的风光让人流连忘返。在观赏了路孔古镇的老街木楼、胡广会馆、寨墙城门、赵家祠堂、石桥流水、辘轳水车、崖岩石佛之后,我们最关心的当然是河里的"翘壳"。路孔河的渔家小船在古镇码头排成了排,一个个淳朴的渔夫都在兜售当天打的鱼儿,但我们看完了所有渔网,没见一条形似"翘壳"的鱼儿出现。我和几位友人主动上前与渔家们搭讪,从那里打听到了,路孔河的"翘壳"紧俏得很,售价100-200元一斤。渔家说:一则是买的人多,二则是河里的"翘壳"稀少,属于野生鱼类,往往是十天半月都捞不到一条,三则是这种鱼极不易成活。因此渔家们往往以捞到一条"翘壳"为当年的幸运,将它视为时来运转的好兆头。

就要离开渔船泊位的时候,我们让渔家介绍一家能吃到"翘壳"、味道好的餐馆,可不想渔家却摇摇头说:"恐怕你们今天是吃不到'翘壳'了,因为来的顾客多半是要提前预约的,否则你就是出再高的价钱也吃不到了,除非你们的运气很好。"看来我们只能去碰碰运气了。

最有名的餐馆就在赵家祠堂的斜对面,也就是当年古镇富豪乡绅最集中的地方,我们按照渔家指的方向,穿过古老的烟雨巷,让你不得不畅想当年有钱人家或官绅为了吃上这美名远扬的"翘壳",来来往往在此排队等候的场景。我们找到了那家餐馆,首先映入眼帘的是那餐馆淳朴的风貌,让我们觉得有点意外,不过餐馆老板的热情大方和大厅里热闹的猜拳行令声打消了我们的顾虑。还未等我们开口,餐馆老板就说:"几位小伙子，你们今天的运气太好了，恰巧有位预约客人不来了，留下了一条'翘壳'。"也许是我们的真诚打动了上天，让我们能够如愿以偿，真真切切地品尝"翘壳"的真身美味了。

老板侃侃而谈地给我们介绍了"翘壳"的几种味道，什么清蒸，水煮，红烧等，而红烧又有泡椒味、红烧豆瓣味和豆豉味等。这让我们这些不会厨艺的游客一时也拿不定主意，不知道选什么好。还是我的一个友人急中生智，爽快地说："就做你店里人气最旺的口味吧！"

我和几个友人都好奇地跟着餐馆老板到了厨房的储鱼间，想一睹"翘壳"的真身容貌。当我们看见老板从那黑洞洞的石质水缸里捞出了一条活蹦乱跳的"翘壳"时，我们甚至有点怀疑它是不是真的"翘壳"，不过老板好像看出了我们的心思，便极力地向我们解释说，这种鱼最大的特点就是翘翘嘴，修长的身子，细细的白鳞甲，还笑着说到这里要一百个放心，因为他们在此经营"翘壳"生意已是好几代了，他们早已摸索出一种让"翘壳"保持鲜活的秘诀，只是不便让外人知道罢了。

一个友人好奇地向老板讨教红烧"翘壳"鱼的秘方，让我们没想到的是餐馆老板竟然毫无保留地向我们介绍起做法，第一步要将鱼开肠破肚去鳃切成小坨，撒盐、以豆粉拌匀，目的是保持鱼的鲜嫩。第二步是将鱼块下锅油炸，不要翻动，待鱼块变白之后便加入泡椒、生姜、白糖、醋、葱之类的辅料，稍加一点开水焖两分钟，加芡汁起锅装盘就行了。老板说这样做好的"翘壳"鱼色红肉嫩、味道酸辣甜鲜，非常爽口，吃的时候还要特别注意鱼刺，不要乐极生悲，最好小口抿之，把肉吸进去之后，刺就被嘴挡住了。听了老板的介绍，我们这些不懂厨艺的外行其实也是浑浑然，听得最清楚的就是油盐、姜葱、蒜醋等这些辅料之类。这也让我们明白了隔行如隔山的道理。

餐馆里已有好几桌客人了，鱼香味充斥着整个大厅，让我们刚来的游客不由自主地吞了吞口水。看着他们津津有味地吃着刚烧好的"翘壳"鱼，顾不得嘴边上糊满了酱汁，那种馋嘴的样子，让我们感到有点好笑，不知一会儿自己吃鱼的时候会不会也是这样。我们在一个临窗的位置坐下，除了招牌的"翘壳"鱼外，我们还点了一些其他的酒菜，几个友人你来我往，举杯互敬，还行了酒令，边吃边谈，不一会儿"翘壳"鱼上来了，那香喷喷的气味沁人心脾，那细嫩鲜美的鱼肉让人倾倒、陶醉，让我们感到特别的是厨师精心的摆盘，一只"翘壳"鱼嘴摆放在鱼盘子的头部，就像那美丽动人的少女的微微上翘的艳丽红唇，给人一种无边无际的遐想。

饱餐了一顿路孔古镇特色美食后，老板又向我们介绍了几样美食，诸如"母猪壳""宋记口水鸡""黄凉粉"等几种令人值得一试的美食，可惜我们只有一天的行程，已无法品尝到其他美味了。不过尝到了这为人称道的"翘壳"，我们也不枉来路孔古镇一回了。

又到羊肉飘香时

多年前的早晨，当我在古老荣昌的深巷小街穿行时，总是有一股股羊肉飘香让我沉醉，渴望走出农村的我却无缘品尝羊肉之美，直到那年我真正成了一名荣昌的常客时，一位小有成就的朋友带我至一农家食坊，一盆白色鲜味汤菜置于桌上，热气腾腾，汤面葱花点点，几盘红椒蘸碟，真让人垂涎欲滴。朋友说那就是店里的特色——羊肉汤。我是又惊又喜，学着朋友的样子，喝汤、吃杂、吃肉，只觉有一种"五月不知肉味"之感，我囫囵地连杂带肉吃了好几个小碗，后来我才知道那就是小有名气的"荣昌羊肉汤"。

久居荣昌这块热土，我渐渐地对荣昌这个地方有了一定的了解，其实古老的荣昌大地早就有冬天吃羊肉的习俗，相传很早以前，荣昌特殊的山林土丘的地理环境以及特殊的气候特点，特别适合一种体格娇小的羊儿在冬天生长，乡野山村的穷苦农民常常以羊来向有钱人家换取其他物品，谋求永世的富人以全羊之躯作为祭品，将羊的肠肝肚腹及骨头弃之荒野，引来鹰狗夺食，衣着单薄的穷人见弃之可惜，便拾来精心烹制，佐以土特香料，熬成可口的汤菜来充饥御寒。富人闻后尝之，心醉忘我，热血沸腾，后来富人见有利可图，也就再也不舍弃了，久而久之，这种羊骨头与肠肝肚腹熬成的汤就成了当地一道名菜，流传至今。有诗曰："绿绿嫩草漫无边，咩咩小羊游山间。稚嫩巧身肥当时，贩农绳牵几不离。牧主哀叹凄婉声，羊儿不知魂归西。"说的就是牧农依依不舍地牵羊到荣昌集市向富人换钱的情景。

药书上说羊肉具有滋补御寒的作用，特别适合在冬天吃。古老的荣昌人也许正是知道了羊肉对人体具有独特的功效，他们才将羊肉汤做得美妙绝伦，像天上的仙汤一样美名远扬。在荣昌已待了多年的我，也渐渐地学会了羊肉汤的做法，只不过口味与餐馆的羊肉汤相比，确有一定距离。其实荣昌羊肉汤的大致做法主要是将羊骨头（筒子骨）投入大锅里熬汤，再将切成大块的新鲜羊肉与清洗干净的羊杂一起投入汤锅中煮，熟后捞起沥干，而后切成薄片放入滚开水里一氽，再倒入汤碗中，冲入滚烫雪白的羊汤水，撒上点点葱花，配上海椒碟，一碗热气腾腾，香气四溢的羊肉汤就做成了。当然里面最为讲究的就是熬汤的料以及海椒碟子，但要知道它的秘方可不是一件容易的事了。荣昌羊肉汤衍生出的菜系还有比较有名的蚂蚁上树、粉蒸羊肉、红椒羊肝、酸辣羊血等。在荣昌这个地方，羊肉汤菜早已融入了平常百姓家，他们只要想吃，就能按照自己的口味烹调制作，但最能体现荣昌吃羊肉汤习俗的当数每年冬天来临的时候，也就是农历的冬至或立冬的那一天，家人、同事或朋友三三两两，相互邀约至羊肉餐馆，无论是高档餐厅，还是深巷小店，只要有羊肉香味的地方，就会是宾客满至，人气冲天，甚至会出现多人排队等候，哪怕是在店外等也不厌其烦的现象。这样的场面是一年比一年火爆。能在这一天吃上"荣昌羊肉汤"，他们就会觉得今年的冬天不会冷，再烦的心事也会被汤气冲散，做事也会顺顺畅畅的，身体也会健健康康的。但要是那一天没能赶上，他们会觉得这是一年中的遗憾。曾有一荣昌食客，为了能赶上冬至那一天回家乡吃上"荣昌羊肉汤"，不惜开车三百余公里，然而不幸的是因其心急车快，导致车毁人亡，这样的事不得不让人感到十足的惋惜。为什么荣昌人那么热衷于吃家乡的羊肉汤呢？做为现在的荣昌人都知道，那就是荣昌羊肉汤的美味实在是对人们具有独特的吸引力。

荣昌羊肉汤不仅丰富了荣昌人的饮食品味，也给荣昌人带来了财富。单就冬至或立冬的那一天，餐馆经营者的收入就会比平常高出数十倍，难怪笑得最灿烂的还得数餐馆经营者。如今年的荣昌羊肉汤，有的仍旧卧藏深巷小街，如昌元的"熬家巷羊肉汤"，盘龙小镇的"陶羊子羊肉汤"，它们保留好荣昌羊肉汤最原始的风味，有的看准了荣昌羊肉汤蕴藏着巨大商机，将其做大做强，如荣昌的"颜记羊肉汤""胖娃羊肉汤"等。不难看出，荣昌人吃羊肉汤的习俗不仅仅是对羊肉汤美味的一种钟爱，而且还是勤劳的荣昌人对未来美好生活的一种追求。

我本不善于品吃，原来曾有几次外地朋友来访，都苦于不知该请他们吃什么才能尽地主之谊，让自己尴尬不已。如今我可以自豪地说，要是有朋自远方来，我会骄傲地请他们吃咱们"荣昌的羊肉汤"了。

鸦屿陶土开出品牌之花

　　蹲立在家门口的石阶上，手端着白净光亮的瓷碗，吃着米饭配几块从泡菜坛里抓出的盐菜，在晨曦的阳光下享受着盐菜的美味和饭香；在客座满盈的乡下茶馆里，喝着香气四溢的盖碗茶，体味着乡下的热闹；中午时分，听着从简陋的厨房陶罐里发出咕噜咕噜的炖肉声，扑鼻而来的肉香勾起了众多闲客的食欲。这些不得不让我们想到陶都古街货架上那些普通而又精美的荣昌陶给当地人带来的无穷的生活魅力。是啊，正是因为这里有着荣昌鸦屿人引以为自豪的别具一格的陶瓷生活用品，虽历经百年的沧桑，充满着无穷智慧的当地匠人依然在长年揉捏泥团，不断地将心中的图案捏成手中的爱物。如今，这里的陶已深深地融入当地百姓人的日常生活中，成为他们必不可少的伙伴。

　　说起荣昌的陶，不得不说离荣昌城西二十里的安陶小镇。"鸦屿口，往西走，绵绵五里不回头"，这就是几百年前小镇古街悠长，陶罐满街、商贾芸芸的真实写照。要说荣昌陶留下的历史痕迹，当地古街巷子的幽居老人可就是我们的眼睛。有一位资深的老者说道："安陶有今天，还是多亏了鸦屿山下的老辈匠人！安陶的坛坛罐罐可以说在几百年前就是名噪一时，更不用说有几百年历史的烧酒房酿酒用的大缸了。当然与我们最亲近的还是安陶烧制的水壶、茶碗、泡菜坛等日常生活用品。"我们听懂了老者之意，最实用的也就是老百姓们最喜欢的。他说"荣昌陶"的产生都是与祖辈们的日常生活息息相关的，在几百年前，勤劳的鸦屿人憧憬美好的生活，在鸦屿山下埋锅做饭，升起袅袅炊烟，无意中发现了脚下的黏土与众不同，他们把这得天独厚的自然资源发挥到了极致。为了每天的三顿饭，为了能够吃得上可口的砣子肉，他们就把起早摸黑烧制的最原始的手工陶制品担到街上换钱，由此荣昌鸦屿陶得以发展。有史可查的荣昌陶最早在汉代就有了雏形，明清时代发展较快，可以说是窑火冲天，成品堆成山，20世纪70年代更达到了鼎盛时期。由于荣昌有着得天独厚的泥质陶土资源，在鸦屿山下有一块绵绵二十里的玉带陶土，其烧制出来陶用品具有"红如枣，薄如纸，亮如镜，声如磬"的特点，所以荣昌陶又被称为四大中国名陶之一。"安富场五里长，排列泥精列成行""前山矿子后山炭，中间窑烧陶罐罐"……这些从宋、清代就开始流传的民谣栩栩如生地描绘出当时荣昌生产陶器的规模和销售的盛况。因此，荣昌又被称为中国三大陶都之一。

　　荣昌陶虽说有这么多响当当的名字，其实在70年代前的荣昌安陶用品主要还是碗、盏、罐等纯手工的日常生活用品。前段时间，我和友人到荣昌陶都古街游玩，看到街面货架上琳琅满目的陶瓷用品时，一路同行的友人不免发出感叹："遥想当年，完成一个手工陶用品，不知花匠人多少时间和精力，一身泥一身灰，揉捏的泥团里包含了匠人的艰辛和流下的汗水，融入了对美好幸福生活的期盼。他们通过精致的手工与时间的打磨，在慢工细活中，注入了汗水和心血，把自己心中的图样变成了生活中实用的心爱之物。有些可以自用，有些可以卖出，换得钱物，改善生活上的拮据。随着时间的流逝，人渐渐老去，陶之器物被时间磨得失去了光泽，但却与自己变得越来越有感情，不可割舍。"也许是看出我们对陶的兴趣，一些悠闲自得的陶都小贩还从家中拿出一些看似古董的器物，诸如碗、盏、罐等展示给我们看，说这些是他们几辈人用了几十年、上百年的鸦屿匠人的手工制品，粗糙的表面已磨很光滑，布满了历史痕迹。其实我们也不是真正的陶瓷收藏者，也不知道他们的坛坛罐罐究竟是不是古董或者值不值钱，只是附和着夸赞说："好！祖辈们的东西，一定要保存好！"看得出他们对那些家传的器物是小心翼翼，爱不释手。记得父辈们曾说，几十年前，一个家庭会以拥有一套安陶瓷细碗或者一两个上釉的泡菜坛为荣耀。也许是因为那时家里穷而安陶用品少、价格昂贵的原因吧，但水壶、茶碗、泡菜坛等日常用品确实给鸦屿人带来了生活上无与伦比的方便。想到那些匠人在上面倾注时间、心血和情感太多而日久深情，时间自然会把自己手中的陶制用品变为珍宝。许多人都把它作为财富和幸福而珍藏，它不仅给我们带来了生活上的便利，也给我们带来了情感依赖，相信它会价值连城。

然而让荣昌人引以为自豪的荣昌制陶工艺却在70年代后期戛然而止，荣昌陶没落了。我有点不解，带着疑问，我曾接触过一位年轻的荣昌陶传承女艺人，这位姓梁的艺人说荣昌传统陶是祖辈们传承下来的宝贝，是他们的生存之道，是一种自强不息的坚守，它不仅展现了祖辈们高超的智慧，而且承载着一种厚重的制陶历史文化。可现代的荣昌陶传承人渐渐少了，许多艺人都流失了，特别是像她父辈那样堪称大师的人就更微乎其微。她说，荣昌陶的制陶工艺虽历史悠久，且泥质堪称一流，但是因其生产的样式守旧，品类简单，越来越不适应现代人的口味。看得出，她的眼神里充满了一丝惋惜。也许这就是荣昌陶没落的缘由吧。庆幸的是，梁女士说自己要担起传承荣昌陶工艺的重任，女从父业，要在荣昌陶艺上闯出一片新天地。荣昌陶的传统不能丢，但要以老百姓最实在的需要入手，现在生活水平提高了，老百姓的认知与欣赏水平也随之而变化了，要与时俱进，融入荣昌本地特色元素，大胆改革创新，坚信百姓最需要的才是他们最喜欢的，只有这样荣昌陶才能传承发展下去。

可喜的是，为了保护和发展"荣昌陶"这个非物质文化遗产，越来越多像梁女士这样的艺人纷纷加入荣昌陶的发展行业。近几年当地政府对其高度重视，大力投资，引凤筑巢，一批批民间工艺大师及陶瓷企业纷纷入驻荣昌，"马可波罗瓷砖"品牌入驻荣昌就是一个很好的例证。荣昌陶的春天到来了，相信在不久的将来，"荣昌陶"这个品牌之花必将在一批有志之士的大胆创新之下常开不败。

第四辑　做一个有道德有品行的中国人

中国传统文化的传承发展，必将提升我们中华民族的文化自信心、自豪感。让我们在中华传统文化的洗礼、熏陶中提升自己，做一个有道德，有品行的中国人。

"大爱"筑就"大成"梦想

"厚德载物,心诚至善,大爱无边,忧国忧民,筑基强本,是企业文化之魂,评判一个企业发展的成败,除要求经济尚可之外,社会效益也必不可少。"重庆市中宗置业公司老总蒋远彬如是说。蒋总热衷于国学之事,早已在企业界传开,他学国学、践行国学,不仅企业发展得有声有色,在国学研究上也很有口碑。我久闻其名,却未曾见其人。直到2017年3月,我们国学研究会一行三人有幸在其古朴典雅的办公室里见到了他。蒋总五十来岁,尤显年轻有活力,其人一身灰色西装,一副平易近人的面孔,谈吐间滔滔不绝地引经据典让我们佩服至极。

学习、传承国学与工作、生活相结合才具有生命力

谈起国学的话题,蒋总甚是谦虚,说他不知国学定义,也背不了国学文章,然其对国学之感悟,堪称出自国学大师之口,他说,当前国学热盛行,小孩学、大人学、学校学、企业学、机关单位也学,处处是论坛,处处是标语,这本是好事,然一些人认为背上几句三字经、千字文、百家姓就以为是传承了国

学，就以为是国学的"领舞者"，这有失偏颇！其实兴国学是国家之幸事，但一些人只是做做表面上的工夫，未必真正做到了践行国学。蒋总的见地是，国学就是古人先贤利用自己的智慧在生产生活实践中总结出来的经典理论，每一句经典都有一个精彩感人的故事，并附有特定的教化人的内涵。他有感于儒家的真诚向善，道家的智慧逍遥，它们强化修行、教化于外、内化于心，教人如何做人、如何与人相处、如何有功于社会，它不是用来展示炫耀自己的文采的。学国学不是只学语句，背几句圣人语录、诵几首诗词歌赋，而是要把国学的理论精髓用于我们的工作、学习、生活之中，提高人生准则、品味，提高企业产品质量，它是要求人要实实在在地去做，不能有虚假，并达到一定的效果，那样才有实际意义。

"厚德载物"提倡的就是人们要积德行善，意思是说要多做好事、善事，日积月累就像滴水汇成江河湖海而升华为高尚的品德，具有高尚品德的人就会受到人们的拥戴，恪守道德准则的企业就会与时俱进、健康发展。然而有的企业领导表面上满口仁义道德，背地里却是坑蒙拐骗、尔虞我诈，有的假意崇尚古人先贤，把古语经纶背得滚瓜烂熟，实则却是虚情假意，口是心非，言不由衷，说一套做一套，干的是偷工减料，欺上瞒下的违法勾当。因此不管他说得多么好，只有在实际工作生活中真正践行了国学的内涵，做出实实在在的东西来，让人看得见，摸得着，那才叫国学的真正追随者。

学习传承国学既是一种责任也是一种义务

一抹阳光穿过窗台，正好照亮了蒋总古色古香的办公桌，他手捋发丝，侃侃而谈，展现出一个企业家无限的人格魅力。他说学国学不是自己的一种刻意的行为，而是在日常生活工作中渐渐地变成了一种自觉的举动。学习传承国学就是一种责任和义务，尤其是在企业管理中显得尤为重要。他说国学是中华民族优秀的传统文化，是几千年来劳动人民的智慧结晶，具有约定俗成的形式与内容。它是我们中华文化之根，是民族之魂，是中华民族屹立于世界的文化基础，它具有非物质文化遗产的典型特征。做为炎黄子孙的我们都应该敢于担当，携手接力，通过我们的认识、认知、智慧来延续和发扬。我们不能抛弃祖先给我们的恩惠，如果弃之不顾，那就是忘本，后辈也会戳我们的脊梁骨的。因此我们每个人都应该有一种担当精神，学习传承国学，把它作为一种精神文化武器，规范自己的行为，激励自己做事，特别是作为企业管理者，把国学的精髓践行于企业，来提高自己的文化修养，自身内涵，规范言行，遵循事物发展规律，办事讲诚信，不欺不诈，同行竞争有序，遵纪守法，以质量取胜于民。"天行健，君子以自强不息。地势坤，君子厚德载物"，有如此气魄、有如此德行、有如此胸襟的管理者、企业家，他的企业形象自然是一流，企业管理也必然是行之有效。祖先的国学文化我们不容错过，国学责任我们无法推卸，我辈还需更加努力。

国学助推企业形象提档升位，管理水平蒸蒸日上

在典雅的办公室内，墙上的国学标语"厚德载物"非常显眼，蒋总介绍说，自己喜欢国学，欣赏国学，践行国学，营造学国学氛围也就是很自然的事。我们看见在蒋总的办公室、在二楼的过道、在等候厅、迎客厅，处处是国学标语，其内容无一不是教人如何做人、按规矩做事、以德行天下、以诚待客，以质取胜的激励语言，这样便可以天天看见，潜移默化地随时提醒自己，让自己在为人处事时践行国学教人的内涵，从而少走弯路，少犯错误。员工们同样如此，他们的德行提高了，做事忠心了，企业的产品质量自然也就提升了，企业形象的提档升位就更不用说了。2016年9月16日—20日，荣昌区工商联组织20余名非公经济代表人士前往中国人民大学高级工商管理EMBA研修班集中培训学习。其培训的主要内容大多与国学有关，如《企业文化建设与落地实务》《商务礼仪》《易经与企业经营决策》等。培训会上，讲师们通过海尔、华为、阿里巴巴、麦当劳等知名企业的案例，让貌似看不见、摸不着的企业文化管理知识在企业家们的脑海中刻下了深深的印象，使他们既增长了见识，又提升了管理水平。"做事讲规矩就是流程，一群人都这么干就是文化"，"企业文化是一家公司的最高原则与信仰，信仰的力量是无穷的，一切资源可以枯竭，唯有文化生生不息"，这是几位老总学习后的真情感悟。蒋总说自己也发了言，希望工商联以后能多组织这样的培训活动。"好风凭借力，送我上青

云"，有政府的大力支持，以文化建设为载体，以积聚人才为要义，以绩效强化为目标，以品质建设为宗旨的重庆中宗置业有限公司，正阔步行进在快速超越、基业长青的发展道路上，企业必将为改善人居环境，推进城市化建设作出卓越贡献。

大爱筑就"大成"梦想

重庆中宗置业有限公司是一家按现代企业制度组建的新型房地产开发企业，公司注册资本为人民币4000万元，拥有在职员工35人，其中拥有高级职称专业人士30人。公司主要从事房地产开发、工程承建、投资、民办教育、工程机械租赁、建筑材料生产和销售等业务。公司下辖重庆跃城建筑工程有限公司、荣昌区诚信建筑材料有限公司、荣昌区恒达工程设备租赁有限公司、重庆创宇综合市场有限公司、重庆延梦教育文化咨询有限公司、重庆名鸿物业管理有限公司、荣昌区大成中学等七家子公司。公司目前是立足荣昌区的一家本土房地产开发企业，是荣昌区房地产协会副会长单位。

蒋总为荣昌河包本地人，一个以房地产开发为业务的公司怎么与教育联系起来？我们有些疑惑不解。谈起办教育，这源于蒋总的初衷。多年来，荣昌子弟大多外出就读一中、三中、八中、巴川中学等，本地生源大大地流失，可以说是令人惋惜。百年大计，教育为本，要是自己能办一所高质量的学校，留住荣昌学子，这也算是自己办企业对社会、对荣昌的一点回报吧。2013年6月9日，蒋总一班人施大爱于荣昌人民，果断决定，投巨资兴办教育，与人民政府签订办学协议书，荣昌区大成中学应时而生。学校位于荣昌南部新城，占地80余亩，投资1.3亿元，高标准建设5.2万平方米星级校园，可容纳4000余名学子。目前学校生源满满，教学质量优秀。大成中学实行全封闭式"寄宿制"管理和家庭式精品服务，师资力量雄厚，办学质量优异，初中毕业学生升重高率达96.7%，其中重庆一中、三中、八中、巴蜀中学、荣昌中学等市内名校录取率33.6%，位列荣昌区教育质量第一。短短的几年时间，取得如此骄人的成绩，无疑凝聚了蒋总的一番心血。

更可喜的是蒋总在谈到教育的发展时，设想增加对孩子的国学教育更是自己的一项宏伟计划。创新教育管理理念，兴办一个50人的特色国学班，聘请专业国学教师，在与国家现代教育体制接轨的前提下，办出特色。特别是要加强中小学生的礼义廉耻、积德行善、言行举止、思想品德等方面的国学教育，主要是以《弟子规》《三字经》等国学范本中的一些经典为内容，教会他们从小对人有礼貌，对父母要孝顺，对长辈要尊重等。当然最重要的是创新管理理念，办出独具特色的一流学校。

听了蒋总对未来教育规划的憧憬，我们感叹，一个如此有远见的民营企业家，心系教育，施大爱于民，足见其忧国忧民的情怀，我们由衷地祝福他的企业蒸蒸日上，好人一生幸福平安。

鸦屿山下的陶都女艺人梁洪萍

悠悠千年，鸦屿山下，五里一市，依山而建——这就是因陶名扬天下而称"陶都"的边陲古镇安富。安富着实有其独特的魅力，吸引游人慕名前往，去看一看古街遗迹，寻一寻陶都工艺的质朴风情，未尝不是愉悦心情的好事。2016年10月31日，我和友人有幸拜访了安陶梁氏工艺的传承人梁洪萍女士。对于我们的到来，她颇感诧异："别人都是去观看高大上的陶艺品相，而你们却来探寻古老传承，确实让我感到惊讶。"梁女士的话，让我们有点受宠若惊，和梁女士之间似乎变得没有了距离，她那谈吐随和、落落大方、气质有佳的女强人风范给我们留下深深的印象。

巾帼不让须眉，做起梁氏工艺陶传承人

梁女士在家排行老二，人称梁二妹，现为安陶鸦屿陶瓷有限公司副总经理，系典型的70后创业女强人。她从小受父亲耳濡目染，跟随父亲梁先才学陶艺，但那时只是学到一些皮毛，到了1996年自己职高毕业后才算真正接触陶艺。谈起学陶之事，

她略显得有点羞涩，刚接触这个制陶技艺时，说实话确实觉得有点脏，有点累，因为做这个坛坛罐罐的活，必须与泥土打交道，衣服没有一天是干净的。对于一个爱美的柔弱女孩子来说，制陶就是把自己的青春美丽埋没在泥土里。然而当自己看见父亲那孜孜不倦的身影，长年累月与泥土打交道的痴迷程度，叹息着梁氏拉坯绝活继承人寥寥无几的隐忧时，自己的心情又是无比的沉重，为此她毅然决定跟父亲学陶艺，由此而改变了自己的人生。梁女士说，父辈们是荣昌安富鸦屿山下土生土长的鸦屿人，他们世代烧窑，扎根于鸦屿山下，传到父辈这里不知有多少代了。祖辈们为了生计，日出而作，日落而息，在翻耕泥土的时候，发现鸦屿山下的土质与众不同，比较适合揉捏成各种形状的泥团，烧土制陶的工艺由此而兴起，一直延续至今。"金竹山，瓦子滩，十里河床陶片片，窑火烧亮半边天，窑公吆喝悍声远。"这流传几百年的民谣就是制陶业兴盛的真实写照。从最近出土的汉、宋、清等朝代的窑址和陶制品碎片来看，鸦屿山下的制陶业还是比较发达的。这些遗址和碎片包含着祖辈们艰苦创业的汗水，包含着祖辈们渴望生存发展的美好愿望，也是鸦屿山下制陶业兴衰的历史见证，它传承给我们的是一种生存之道，是一种自强不息的坚守，它不仅展现了普通农家的智慧，而且承载着厚重的制陶历史文化。而制陶业传承到现在，本地传统艺人渐渐少了，许多艺人都流失了。眼看着这兴盛一时的制陶技艺后继无人时，看到父亲那忧虑的目光，自己才毅然决定放弃大家闺秀的身段，选择陶艺之路。刚开始时，父亲叫她从最基础的揉泥调釉做起。由于自己吃苦耐劳，聪慧好学，在短短的几年时间里，自己学会了制泥、拉坯、修坯、上釉、烧窑等几十道制陶工序技术，成了鸦屿山下小有名气的女技能手。在传统陶的基础上，梁女士不断进取，充分发挥自己的聪明才智，大胆改革创新，成功创造出工艺陶瓷，成了梁氏工艺陶的传承人。

传承有为，发展兴业让梁氏传统陶有了更广阔的春天

梁女士说，传统的安陶曾经有过辉煌的历史，但那已成为过去，我们作为本地土生土长的鸦屿山人，不能停留在前辈传统的产业上，不能坐吃山空，我们要发奋图强，凭借我们的智慧，传承创新，才能安陶、才能兴陶。

首先要改变传统工艺，让传统陶瓷华丽变身。梁女士说，以往的陶瓷作坊大都是以传统的泡菜坛、大水缸等单一的陶瓷制品为主，产品主要销往邻县周边农家。自己平素喜欢学习，有着较强的进取精神，经过自己潜心研读诗书画艺，向工人师傅学习，向工艺大师学习，向民间老百姓学习，挖掘陶艺之美，人性之美，以陶艺爱好者的喜好为标准，以大众的审美情趣为价值取向，在结合传统的手拉坯工艺技术的基础上，生产出各种各样的工艺品陶瓷，改变了传统陶单一的形式。梁女士以女性的视角，把一些日常生活理念运用于手工作品设计制作中，特别是在茶具的制作上，自己独具匠心，作品以诗化语言为主线，借鉴泥绘、嵌泥、浮雕、贴塑等艺术手法，融诗词、音乐、书画、茶艺于一体，作品个性鲜明，灵秀雅逸，追求形式与内

涵之美的统一。通过自己敏锐的眼光，独到的视角，特殊的工艺，逐步将传统陶瓷过渡到了工艺品陶瓷的路上，从而使梁氏陶瓷品牌价值得到大幅度的提升，且渐渐地形成了自己独特的风格。如今自己有一个感触就是，路要走自己的路，不能将别人的路生搬硬套。只有这样，自己才会有更广阔的发展空间。

其次要依靠本地特有的陶泥特点，创作出具有鲜明特色的无釉精品。创造特色，走自己的路，她始终坚持着一个信念，哪怕是产品与众不同，只要是实用、为民，她就义无反顾地坚持下去，这也是自己肩负的家族责任、历史责任。自古以来，鸦屿山下就有一条长二十多公里的陶土带，泥料质地细腻，可塑性强，吸水率、烧失率低，是最佳的陶瓷制作原料，被誉为"泥精"，不依赖任何辅助材料，是生产各种精美工艺陶的优质原料。这里的泥分为红泥和白泥，白泥呈灰白色致密块状；红泥呈紫红色，泥质细滑，可塑性好，不易龟裂。梁女士以本地泥质特点为基础，经过自己多年的揉捏、钻研和坚持不懈地努力创新，终于烧造出了具有本土特色的产品——通过柴烧等工艺生产出无釉的工艺品，如形态各异的茶壶，秀色可餐的汤具，其独有的特点是"红如枣，薄如纸，亮如镜，声如磬"。这也是自己多年的梦想，现在这个梦终于实现了。该类产品一经问世，便得到广大陶艺爱好者的好评。在后来的梁氏陶艺发展路上，鸦屿陶瓷有限公司在梁女士先进理念的引领下，发展得蒸蒸日上，充满了勃勃生机。由于她对工艺传承和发展的突出贡献，梁女士被荣昌区人民政府推选为荣昌区妇联执委、区工商联执委、区青商会副会长、重庆市工艺协会会员。

建设企业文化，开创美好未来

　　梁女士说，创立陶瓷公司是父亲的梦想，也是自己的梦想。2002年1月，在梁女士的协助下，父亲梁先才创建了重庆市鸦屿陶瓷有限公司，梁女士自己任该公司副总，负责公司的日常事务。公司一建立，梁女士就自担压力，负重前行，硬是将一个新生企业办得红红火火。梁女士言谈中带着笑意，娓娓向我们道出企业的发展之道：第一，企业要发展，必须要有自己的"魂"，这个"魂"就是企业文化。陶艺的发展过程，本身就蕴涵着厚重的历史文化底蕴。许多陶艺企业之间有共性的地方，但也要有自己鲜明的特色，要有自己的个性，挖掘出属于自己特有的东西，树立自己的品牌意识，让品牌富有文化内涵。目前公司的产品除了材质具有鸦屿山下特有的红白泥特点外，生产出的茶具更具有梁氏工艺特色，那就是将传统的国学经典语句与茶具的独特造型相结合，使自己的无釉精品陶瓷在无形中散发出一种雅趣而又富有灵性的魅力，让人在使用的同时也去品读它。第二，要做企业就得先做人，作为一个企业管理者，要修身养性，要与时俱进，学先进文化，不断提高自身素质，做一个懂管理，有才干的管理者。有德有才才能服众。吃苦在前，享受在后，谦让敬贤，把荣誉让给别人，职工才能充分发挥他们的积极性，才能为企业创造更多的价值。第三，要以人为本，关心职工，爱护职工，时刻为职工着想，为产品用户着想，保证产品质量，做健康环保产品，实实在在为民。第四，要建立各项制度、严格管理，做到制度管人。特别是对于像自己这一类家族企业，更应该有严格的制度。梁女士说，公司有一个强制规定，员工上班时间不准打麻将，下班也不准打麻将，因为沉迷麻将既影响工作，又影响家庭。即使员工是自己的亲戚，也无论亲疏，一视同仁。因为在她的眼中很多家族企业就是因为碍于亲情而缺失管理，导致一败涂地。起初时，企业职工很多不理解，觉得梁女士很不讲人情，但后来职工也渐渐地明白了她的良苦用心。

多年来，梁女士带领着公司以"互利多赢、共谋发展"为经营理念，营造一个互信、互惠、和谐、包容的合作氛围，致力于建立一个和谐、透明的产品供应链。公司建立以市场为导向，以质量为标准，以客户满意为宗旨的生产、销售的服务体系。秉承"用心经营、不断进取、勇攀新高"的理念，乘风破浪，直挂云帆，努力去实现美好愿景。公司全体同仁通过不懈的努力，不断地追求卓越的质量、创特色的品牌。

梁女士的一番介绍，让我和友人大开眼界，看着梁副总那意气风发的笑脸，我们由衷地佩服眼前这位充满自信和实干精神的女企业家。我们相信在不久的将来，梁氏工艺陶必将得到更大的发展。

走进鸿全兴业有限公司的文化世界

几年前，周总的企业还叫兴业不锈钢制品有限公司的时候，就自编自导了一场场春节联欢晚会，始终在职工中反响强烈。其新颖生动的活动形式，厚重深远的文化底蕴，让我们佩服至极。近些年来，在企业发展中融入文化因素已成为众多企业关注的焦点。对于如今改名叫宏光不锈钢制品有限公司来说也不例外，周总说："企业文化属于企业的核心竞争力之一，是企业管理最重要的内容。企业只有拥有了自己的文化，才能保持积极健康的活力，才能在市场竞争中立于不败之地。"

周总其人，名周其建，五十来岁，老家位于荣昌区盘龙镇石田村，从小在家乡河边长大，干过农活，外出打过工，有过苦寒的童年，从小梦想发家致富。一天我们有幸见到周总，向他讨教企业传统文化发展之道。周总一脸微笑，说话和气，外形俊朗。办公室里放置一套古朴典雅的桌椅，桌上是一台笔记本电脑、几本企业与传统文化管理的书籍和一面红红的国旗。周总说自己在企业管理方面经验也不是很多，只是跟着感觉走，企业能走到今天，完全是依靠职工的力量和智慧。周总说自己的企业是一个典型的乡镇企业，员工大多是附近的农民。自己将中国传统文化精髓"以人为本"应用于企业管理与文化建设。自1998年5月创立荣昌县兴业不锈钢制品有限公司以来，公司发展路上荆棘丛生，但企业员工们时刻与自己站在一起，让自己信心满满，倍感胜利在望，终究事业有成。职工就是企业生命，职工就是自己的天。因此自己要让企业职工感到每个人都是企业的主人。一是加强对农民员工的学习与教育培训。由于企业的起点较低，招收来的员工普遍存在文化素质较低，安全意识不强的问题，因此对他们进行必要的文化技术培训，提高员工的文化礼仪素养及技术水平是很有必要的。二是增强企业员工的使命感，企业好不容易发展起来了，这个企业不仅仅是周家的，也是厂里400多位员工的，让这个企业发展壮大不仅仅是自己的责任，也是每一位员工的责任，因为企业没了，这些员工也就失业了；三是提高员工的荣誉、荣辱观。树立员工与企业"一荣俱荣，一损俱损"的观念，企业荣誉与每一位员工息息相关，企业发展了，员工得到的实惠也就越多，因此员工们感到自己是与企业捆绑在一起的，员工就是企业的主人。四是关爱职工，回报社会。加大人文关怀，从关心企业员工生活细节做起，在职工危难之时给予关心照顾，让他们感到这个企业就是他们的家。从1998年成立伊始，企业就经常举行各种形式的技能比赛及文化活动，将员工的内在潜能和文化素养以及文艺才能进行深层挖掘，并通过长期开展社会公益活动，展示了企业的正能量，这些都为企业树立了良好的社会形象，大大地提高了企业凝聚力、竞争力。多年来厂里举行节日颂歌和春节晚会既是企业传承、弘扬传统文化的一次次创新尝试，更是企业社会形象再造的重要创举。古人云："天生万物，唯人贵"，"民为贵，社稷次之，君为轻"，"根本固了，国家才能安宁"，也就是说治理国家要以富民为本，人民是国家的根本。而在现代企业管理中也应该高度重视人在企业经营中的地位和作用，以人为中心来搞好管理。让企业员工自己来操演自己的人生舞台，充分享受主人公的地位，这样企业文化就已深深扎根于企业，扎根于每一位企业员工的内心了。周总自信地说，这是他对企业和职工最感到欣慰的地方。

周总饮了一口茶，继续谈着自己对企业文化的见解：一个没有文化的企业是没有头脑和灵魂的企业，而成功的企业大都有其突出的企业文化。现代企业在对内管理对外发展中，采用的很多手段与方法都是与传统文化相通的，我们对内部员工的培训与教育，对员工使命感、荣誉观的培养塑造，以及企业的对外关系、品牌信誉度的营造等都会体现传统文化对我们产生的影响。如今企业已小有成就，自己最初完全没有预料到企业会发展到今天的这个规模。其实在2004年以前，自己的产品主要是以不锈钢餐具、厨具、刀具、装饰建材等低端产品为主，产品主要销往重庆市内及周边省份，但进入2004年后，随着世界不锈钢制品市场的飞速发展，世界中高端不锈钢餐具已渐向锅底复底技术迈进，助推了不锈钢制品不断推陈出新，自己的产品与其相比，已是相形见绌了。为了企业的突破，只有充分调动企业员工的积极性，发挥大家的聪明才智，走技术革新的道路，把好产品质量关，提高企业的诚信度，才能占领市场，才能赢得顾客的青睐。

　　说到此，周总引用了儒家的经典语句来表达自己的诚信观："诚信者，天下之竭也"，"言必信，行必果"，主张真诚待人、诚实敬业、恪守信用、讲究信誉。中国自古至今的经商者在儒家这种以信取人的思想影响下形成了"以信誉成交，借信誉发展"、"诚信为本，信誉第一"的管理方法。现代企业管理也要做到诚实守信，各行各业都要做到实事求是，不虚假，不欺诈，遵守承诺，讲究信用，注重质量和信誉。为此周总毫不犹豫地组建了技术部、质检部、售后服务部，重点提高产品档次和质量，信守对用户的承诺，以用户满意为最高标准。正因如此，兴业不锈钢制品有限公司才逐渐形成了"创新、创牌、创优，以质量求生存，以信誉求发展，精心制造产品，创造满意服务"的经营理念，走出了企业产品开发的瓶颈，并正式与宜家集团、沃尔玛等企业签署合作协议，成为全球多家零售企业不锈钢餐具的指定供应商。

　　面对兴业不锈钢制品公司取得的辉煌成绩和荣誉，我们不禁连声啧啧称赞，而周总滔滔不绝的一席话也让我们获益匪浅。一家乡镇民营企业能够做到走向世界，看来的确有其过人之处。此时周总提议我们到车间去看一看。沿途，我们看到的是整洁干净的路面，摆放有序的车辆，坐落齐整的厂房，绿树成荫的环境。周总说他对全体职工的一个要求就是各自工作环境干净整洁，一尘不扫，何以扫天下？这些都是细节，但细节决定成败。这里的职工，多是当地质朴的农民，虽素质不高，但非常朴实，听从安排，让人用起来放心，现在经过多年的培训，他们个个都是技术能手，我们就是一个大家庭。说实话，我们的企业能有今天，可以说我是占尽了"天时、地利，人和"的优势。如果当年我们没有把握住国家改革的大好时机，没有得到当地政府的大力支持，没有这些质朴的农民工人，我的企业永远不会有今天的辉煌。所以我要感恩国家、答谢职工、回报社会，周总风趣地说，就在我们脚下的这块空地上，我们搭起了舞台，让我们的职工自编自导了多届春晚，我们的职工唱响了《国歌》《精忠报国》等歌曲，还自编了手语舞蹈《感恩的心》，扇子舞《共渡美好的时光》等。这样的活动他将继续办下去。周总带我们进了车间，我们看到了一排排崭新的机器，一个个忙碌的工人，一批批成品和半成品堆积如山，看得出，兴业不锈钢制品公司火红的场面，发展有不可挡之势。

　　在我们临走之时，周总显得踌躇满志，笑着对我们说出了企业下一步的宏伟计划，宏光不锈钢制品有限责任公司即将上市。我想宏光不锈钢制品有了"以人为本、质量求生存、创新求发展、诚信走天下"等无形的企业文化，就有了企业的灵魂，也就有了企业的"精、气、神"，它必将发扬光大，成为荣昌乃至重庆乡镇企业的典范。

做一个有道德有品行的中国人

四个月前，国学研究会吴主席打电话给我，说会里要办一个大型国学公益论坛。讲师都是一些从北京等地来的知名人物，如王希海、苏兴、孔强卫、傅冲、王双利等，参加的听众将达1000人以上。会议由重庆市永健生物科技有限公司等企业赞助。在吴主席的引见下，我有幸见到了永健董事长关受江先生，他说话客气，很具有感染力、号召力，具有文人学者风范。他对国学论坛非常支持，因为他本身就是一名国学的追随者。从事教育工作17年，曾连续6年被评为学院优秀教师，现任重庆永健生物技术有限公司董事。在关教授从教的17年中，他默默地践行着国学文化精髓的传承。作为一名大学教授，他不仅有渊博的知识，而且有一颗仁者爱人之心，他尊崇孔孟之道，常学《弟子规》，他将"师爱为魂，学高为师，身正为范"当作为师之道，以"人正、路正、心正，三正走天下"为座右铭。他为人师表，时时自省，处处修身，成为学生学习和效仿的楷模。文学家韩愈曾经说过："师者，所以传道授业解惑也。"这充分说明了作为教师的职责职能。关教授传授给学生的是爱国之道，奉献之道，文明之道，和谐之道，为人处世之道；教授的是知识之业，技能之业，学习之业，生存和发展之业；解决的是思想上的困惑，精神上的困惑，创新中的困惑。他推崇的是修身养性，尊道崇德。关教授的为师之道，得到了学院广大师生的高度认可，连续6年被评为优秀教师就是一个很好的证明。

关教授作为老师是这样，他作为一个企业管理者，作为一个负责人也同样如此，在他的企业中无处不彰显出国学文化的精髓。他走出校园，为国分忧，领导企业，不仅自己身体力行地以"师爱为魂，学高为师，身正为范"这样的师德作为经商之道且持道而行，义布天下，还把儒家、道家等众家国学之精髓融会贯通于企业管理之中，更加以升华，提炼出自己的企业文化精神——"永行永健，自强不息，顺和顺势，厚德载物"，他以"诚信、创新、发展"作为企业发展理念，他爱职工，把对职工的关爱当成自己事业的动力，他爱客户，为客户无偿提供餐食和技术服务，职工与客户在关教授的眼中就是一个事业共同体，是一个大家庭，缺一不可。永健企业一班人认识到，企业人员不仅要有经营的头脑，而且应该是有道德、有信仰、有责任感的人，他们不仅要求全体员工要有自己的企业文化价值观，而且要付诸实践，建设学习型永健，开展国学教育。关教授带领员工一起学习《了凡四训》《弟子规》等，传承国学之精髓。在短短的几年中，在关教授的领导之下，企业通过科学规划、管理和艰辛的努力，硬是把企业从最初5000元资产变成了5000万元，他的创举，在西南大学的校企发展史上，堪称史无前例，称他为永健英雄也不为过。

关教授不仅是传承国学之楷模，也是践行公益事业的典范，这位学者型企业家确实值得我们大家敬重。在论坛举行的那几天，区委礼堂楼上楼下都坐满了前来聆听国学讲座的人。让我感触最深的是关教授每天都是第一个来，最后一个走，中午都与在场的国学爱好者、公益论坛听众们一起共进午餐。不仅如此，他还带来了他的四十位学生，也是他的企业员工。他们统一穿着永健公司制服，坐姿挺立，精神饱满，展示的就是自强不息的永健精神。

为了弘扬传统中华文化，做有品德的中国人，关教授全力支持荣昌区国学研究会举办此次以"道德、诚信、孝道、感恩、责任、担当"为主题的中华民族传统文化公益论坛。论坛前夕，关教授还亲力亲为，指导运筹，确保论坛成功。国学研究会有幸邀请到了有中国十大孝子之称的王希海、北京汇贤雅国学机构创始人苏兴、孔子第75代世孙、孔子后裔联谊会副会长孔强卫、影视红星傅冲、山西锦兴能源发展集团有限公司董事长王双利等多位传统文化的践行嘉宾等来荣昌演讲，无不体现出传统文化对他们的感染，他们是回报社会的大善人，他们是孔孟之道的传承人，他们不图金钱回报，只想通过论坛与大家分享他们各自的生活历程及人生感悟。

我想，关教授无疑就是最值得我们尊重的国学文化传承者，带动者，不仅是他自己，他还带动了他的企业全体员工学国学、讲孝道、感恩国家社会，在他的慷慨支助下，国学论坛才得以成功举行，我由衷地敬佩起这位企业家了。我想，在关教授义举的感召下，我们面前会出现越来越多的中国传统文化的传承者。可喜的是当前社会热衷于谈论中国传统文化的人也越来越多，传统国学文化是中华文化的集中体现，是古圣先贤留给我们的宝贵财富，是历经千百年大浪淘沙的筛选、沉淀、凝结，去伪存真、去粗取精的积成，这些经典历久弥新，其价值越来越得到显现。在国人中开展国学经典教育，传承中国传统文化，具有重大的现实意义和深远的历史意义。

中国传统文化的传承发展，必将提升我们的民族自信心、自豪感。让我们在中华传统文化的洗礼熏陶中提升自己，做一个像关教授一样的有道德、有品行的中国人。

永立人的百姓情怀

大千世界，做事立行，无不与百姓打交道。百姓乃国之根本，得其厚爱，必将衣食无忧。一个人心中常挂念百姓，自省自律，以德为先，他一定是推崇百姓至上之人。学先贤，遵古训，学传统文化，就是古为今用、今为我用，学以致用，不断进取，这样的人一定是具有大智慧之人。渴望求知，学无止境，常修为人之德，这样的人一定是品德高尚之人。前几日，我慕名前往永立企业进行访谈，永立企业负责人常修为商之德，常思百姓之苦，想百姓之所想，急百姓之所急的百姓情怀让我们惊叹不已，足见其以"百姓"立行，行之而久远。

从小立志，做一个不一样的自我

见到永立的负责人向勇，他给大家的印象就是人到中年，依旧是年轻有活力，脸上光泽无限。向勇说这要感谢他的父母，既给了他强健的体魄，又给了他立志的思想，让他永葆青春活力。17岁那年，不甘于碌碌无为的他决定做一番事业，活出个样子来，于是便在老家安富古镇办起了电影茶馆，取名"老百姓电影茶座"。谈起取名"老百姓"的原因，他说，儿时家中清贫，但父母却常接济邻居，得以善人的美名传遍街坊四邻。父母的善举，自己看在眼里，记在心上，他们的言行潜移默化地感染了自己。当地百姓是最可亲最可敬之人，如果能解他们缺乏业余文化生活之苦，做一点为百姓服务的事，自己心里就充满了成就感，其实那就是自己想干一番事业的初衷。那时候，电影茶座行业有过激烈的竞争，同行生嫉妒，一些不法经营者，为了拉客源、求暴利，不惜走违法之路，放一些低俗、黄色的影片来吸引客源，结果是害人又害己。自己思想上曾有过彷徨，但父母的教诲时时在耳边告诫自己，百姓之利不可争，违法之事不可做。最终自己定位的标准就是文明、健康、薄利、不走低俗、违法的歪门邪道。事实证明自己是正确的，因为有许多同行就是做了违法违规的事而倾家荡产，还因此坐了牢，而自己却成了古镇独树一帜的茶座影视标杆。

初次经营，收获不少，成功的喜悦给他带来了继续往前冲的动力，后来他又试着开了一家"老百姓餐厅"，面向的是众多的农人乡客，是当地的老百姓，明码实价，口碑揽客，微利多销，让顾客们吃得舒心，吃得放心。也许是因为自己的善举得到了上苍的眷顾，人缘不错，生意红火，让自己在同行中成了佼佼者。紧接着自己又在附近的广顺镇看好了一家酒店，是自己的真诚、踏实、本分打动了商家，最终以低成本获得转让。随着经营规模的扩大，光靠自己既当老板又当服务员的经营模式已不能适应。聘请厨师、招收服务员成了他向企业管理转型的第一步。向勇说，那时他已体会到了事业的艰辛，因为自己面临的是一个新的领域，完全靠自己在实践中摸索，可以说那时的自己是起得早，睡得晚，与酒店员工一样，没有分别，还曾出现顾客把自己当成服务员一样呼来唤去的情况，但自己没有怨言。在没有足够经验的情况下，自己唯一的信念就是抓住"老百姓"这个根本不放，贴近百姓，贴近生活，真正让老百姓在用餐中得到美味的享受，得到价格的实惠。"宝剑锋从磨砺出，梅花香自苦寒来"，1996年餐厅经营获得了较大的成功。刚刚20岁出头向勇，事业便已小有成就，赢得了同龄人的刮目相看，活出了一个不一样的自我。

"老百姓超市"发展之路

2002年，正值国家改革的大好形势，改革的春风吹得猛，看准了大好时机的向勇有了一展宏图的念想。到县城去，另辟新径。成功的喜悦还未褪去，向勇心中就泛起了波澜，自己不能囿于小镇范围，要走出去，到人更多的地方发展，把自己的青春奉献给更多的百姓。看见来来往往、穿梭于大街小巷的人们忙于从分散的各处购置年货，偌大一个县城，竟然没有一个集中购物的场所。这时的向勇有了想法，何不在县城开一家超市？方便百姓集中购物，让更多的百姓群众从中受益。2002年7月，在家人朋友的大力支持下，向勇硬是将县城中心一处闲置的地下仓库改造成了一家像模像样的商场。按照自己的初衷理念——更好地服务大众，依旧冠以"老百姓"名称，取名为"老百姓超市"。企业建起来了，如何经营、如何管理成了自己面临的首要难题。向勇说开始做大型企业，必须得学习，而大型超市在荣昌是第一家，没有当地经验可取，只有走出去，虚心向大城市的一些超市学管理、学理念，可以说自己在这方面的投入占了经营成本的很大一部分。其实花钱学习，也是一种投资，虽然短期内看不出什么成效，但这是一劳永逸的大事。学别人的经验，壮大自己的企业，是好事，但不能忘了保持自己的特色。定位清楚，思路清晰，不能与别人混淆不清，所以自己建的"老百姓超市"要有自己独特的一面，那就是以百姓为根本，面向大多数群众，做到品质第一，质量上乘，价格合理，环保健康。产品贴近百姓日常生活，与老百姓的消费能力相匹配。服务上做到说话和气，以礼相待，不以顾客买而喜，不以顾客厌而愁，始终如一，微笑以对。商品出现质量瑕疵时，无条件退换。产品来源合法正道，以消费者利益为中心，货真价实。管理上做到正人先正己，己所不欲，勿施于人。孔子说："其身正，不令而行，其身不正，虽令不从。"自己的企业虽然有严格的管理制度，且非常完备，但却不示于墙，这是为什么呢？向勇说所有的员工都将管理制度入脑入心，铭记于心间，践行于行动上，这要归功于自己通过人格魅力去感染大家，同时大胆放权，让不同岗位层次的管理人员有一定的自主权，让其充分享有主人翁地位，做到活而不乱。其次是关爱职工，提供"五险"，为职工解决后顾之忧，如遇职工生老病死，企业必给予言语关爱、钱粮慰藉。职工得到温暖，就会迸发出工作的积极性和主动性，不用说会给企业带来更多的利益，创造更多的价值。其三是加强对职工的培训，提高生产力，让先进的思想和服务理念引领全员职工更好地为企业服务，创造更多的社会价值，同时也给自己带来丰厚的收入。经过多年的努力，以荣昌南门桥老百姓超市为中心的商场得到了较大的发展，为企业做大做强奠定了坚实的基础。向勇看准了时机，顺势而上，带着企业一班人，到城区人口集中的各个路段考查，又分别在荣昌城区东门口、西街口等处连续开发了多处超市，进而向周边区县延伸。到目前为止，该公司已发展成为集休闲、购物为一体的连锁企业，总经营面积近10万平方米，品种达3万余种，公司注册资金1000万元，现有员工2000多名，经营网点200多家，其中直营门店30余家，辐射重庆、永川、合川、四川、上海等地，具有完善的管理及配送体系。2009年公司与重庆五个知名集团公司一起倾力打造了西部最大的畜牧兽药市场。2013年在荣昌县百安广场成功打造了占地4万平方米的城市商业综合体，近年来，在各级党委、政府的关怀下，企业曾多次荣获各项殊荣，成立了工会小组和中国共产党老百姓超市党支部，被誉为全国"万村千乡市场工程"龙头企业。

永立人的百姓情怀

富起来的永立企业负责人向勇说，老百姓超市发展到今天不容易，做企业首先得做人，做一个有道德的人，有品行的人，做一个谦逊礼让的人，做一个懂得廉耻的人，做一个知恩图报的人。坚持初心，在任何时候都不能忘记帮助过自己企业发展的老百姓，吃水不能忘记挖井人。人在做，天在看，其实老百姓就是天。向勇表示，无论今后企业发展到什么程度，他那种服务百姓的初心永远都不会改变，他要服务百姓一辈子，并且教育自己的子孙后代延续自己的做法，永远不能忘记百姓带给自己的恩惠。在实践上，他一直在为百姓做实事。一是与农民签订订单合同，带动农民致富。前几年，他到乡下采购调研时，了解到盘龙一养鸭大户因市场疲软，鸭子大量滞销，眼看就会血本无归，正值绝望之际，向勇找到该养殖大户，与其约定以略高于市场价的价格签订长期购销合同，从而解了其燃眉之急，该养殖大户转忧为喜，从此他养鸭的积极性得到了大大提高，同时还带动了周边的养殖农户，如今养殖大户逢人便夸，永立是百姓的贴心人。以此模式，永立百货还与荣隆、盘龙等镇政府签订了长期的生姜、西瓜、麻竹、笋子等农副产品购销合同，大大地提高了农民生产、养殖的积极性，同时也带动了千家万户走向致富奔小康的道路。说起为什么要直接与老百姓生产养殖对接，向勇踌躇满志地说，首先是减少了中间环节，降低了成本，其次是为老百姓办实事，让老百姓不愁销路，没有后顾之忧，得到实惠。再者是创新了管理经营模式，实行订单农业，带动了当地老百姓致富，农民高兴，政府满意。其次，向勇还热衷于慈善事业，回馈社会百姓。多年来永立企业定期资助慈善协会一定的款项，让更多的贫困与残疾人群得到帮助，体会到永立人的温暖。向勇说，他看到一些因贫困而辍学的孩子时，心里就非常难过，因为自己小时候在学习方面就吃了一些亏。一方有难，八方支援，为了显示企业的爱心，在震惊世界的"512汶川大地震"发生后，向勇果断决定征集一个车队，购置了一批急需用的砖块到灾区。2015年，企业有意向性地确定了几位贫困儿童作为资助对象，承诺资助其完成学业，直到大学毕业。2016年，为了鼓励荣昌籍贫困大学生不因缴不起学费而放弃学业，企业毅然决定拿出一笔资金资助大学生，得到了社会各界的好评。据统计目前企业用于资助贫困人群的资金累计达到上百万元。可以说是荣昌区民营企业在慈善捐助方面的企业典范。

孝文化与永立百货的不解之缘

当日，我们来到永立负责人向勇的办公室时，一块偌大的横匾贴在办公墙上，上书"厚德载物"。可见永立百货对企业道德建设的重视程度。在谈到企业的文化发展时，向勇说企业开办之初，自己就将父母教导的孝文化融入企业建设中，这也是永立企业文化的主导灵魂。父母是自己的启蒙老师，从小就以《三字经》《弟子规》教导自己，让他明白了孝就是道，孝就是自然生存法则。孝就是仁爱，孝就是感恩，孝就是责任。他教导自己要从初心出发，用感恩之心、仁爱之心来待人处事，感恩父母、感恩家人、感恩社会、感恩国家，用自己最大的爱来关爱他人、回报社会、回报国家。一个有孝心的员工才会从内心深处生发出感恩心、责任心。而具有敬畏心、责任心的员工才能全身心投入工作；具有感恩心、仁爱心的员工才能视顾客为亲人，进而提供令顾客满意的服务。因此加强对企业员工的孝文化教育，让职工懂得孝文化建设就是要让职工做一个有爱岗敬业，创新奉献，有爱心的敢于担当的人。向勇说，2007年以来，为了让企业员工学习传统孝道文化，企业花钱给每个职工发放《三字经》《弟子规》，专门聘请老师或让职工现身说道，讲述尊老敬老故事，每周开办两次传统文化课，特别是孝文化课，内容就是教会他们懂得感恩父母，孝敬父母，教导他们把对亲人的爱自觉地延伸到对他人、对职业、对国家的爱。永立百货内部有个规定，如果员工有不孝敬父母的，有不尊敬老人的，一经发现或被他人举报，企业就会给予严厉的批评警告或通报，严重的甚至会被开除。如遇敬老典型，就在全体员工大会上表扬，并给予一定的物质奖励。向勇说，一个不经常回家，不经常与父母交流的人，在单位里能干好工作吗？不可能，他们根本就安不下心来，借口天天忙，就是瞎忙，其实就是道德文化素质的问题。这就是不孝，不知道感恩，不敢担当。因此在今后企业建设中，我们要加强员工的孝道教育，培养有孝心的员工。不管在企业的哪一个岗位，那种有孝心、有责任心的员工都会受到企业的欢迎，这样的员工有潜力、有事业心。当然作为我们企业管理层也要在孝亲敬老方面做出榜样，要在全体员工中形成人人尊老、敬老的良好氛围。我们的超市行业就是直接与老百姓打交道，员工的行为就代表一个企业的形象，俗话说："良言一句三冬暖，恶语伤人六月寒。"作为商业服务行业的员工，一句诚实、有礼貌的语言，可止息一场不愉快的争吵，可以卖出更多的商品；一句态度不好甚至粗野的话，可能引发一场轩然大波。因此我们的企业必须要有一批有道德、有文化内涵、有修养的管理者和员工，这是永立百货立于不败之地的根本保证。要想达到这样的要求，向勇谦逊地说，他们还任重道远。最后，向勇谈到企业在加强文化建设的同时，特别注重员工的身体健康，一个健康的体魄，是企业充满活力的表现，为此，自己每天带头到荣峰河畔跑步几公里，在运动中呼吸，在宁静中致远。同时也要求职工利用一定业余时间锻炼身体，达到健身的同时又增强了自身活力。

结束对永立百货负责人的访谈，我们看到的是一个蒸蒸日上的民营企业，相信在不久的将来，永立百货就像它的名字一样永远立于渝西之都荣昌，走向全国。

第四辑 做一个有道德有品行的中国人

怎么舍得蒋老师

对孩子学习的关注是每位家长放在首位的大事，我也不例外。一天，在家长群里，大家在议论西大附中高17级10班的班主任可能又要被调整，这让家长们很有意见，她们不约而同地跑到学校找校领导，极力挽留10班现任班主任蒋瑜老师。学校却一头雾水，不知消息从何而来，学校根本没有此意。但家长们还是不放心，各自拿出看家本事，有的写信给学校，有的打电话给校长等。我看得出，大家对现任班主任蒋瑜很是不舍，当然这种依依不舍之情是来自各自孩子们的情感反馈。为什么会出现这种感情的流露呢？带着这个问题我见到了这位蒋瑜老师。

刚到学校时，我就被"立人、新民"的全新办学理念以及"行己有耻，君子不器"的校训所吸引，我想这位老师也许就是秉持着这种全新办学理念与校训而走入孩子们的心灵吧。

蒋老师身着红装，一脸微笑，气质尤佳，让人肃然起敬。蒋老师说她是今年2月开学时接替10班原来的班主任的，事出突然，因为原来的班主任被学校公派到国外深造半年，便让她来接替。当时自己还是有些犹豫，临阵换将，兵之大忌，即将进入高三的学生，突然换班主任，也将面临同样的问题。但蒋老师一看到那些乖巧渴知的稚气脸蛋，她心软了，便毅然接受了这个光荣而艰巨的任务。10班为平行班，有50余名同学，男女各占一半。起点比实验班略低一些，蒋老师说自接手开始，她就不将这些孩子以优差来区分，在她的心目中这些孩子的分量都一样的重。尊重孩子，树立他们的自信，这是她做的第一件事。为此，她常对孩子们说："金无足赤、人无完人，10班没有天生的差生，只有不努力的同学。"老师的话是一种激励，也是一种温暖，孩子们感受到了老师的良苦用心，也感受到了蒋老师对每一个同学的大爱。她这种"仁者爱人，有教无类"的教育思想渐渐地让她走入孩子们的心灵，孩子们也渐渐地接受了她。蒋老师说这话的时候，看得出，她的脸上充满了自信。

蒋老师望了望窗外，一只展翅的鸟儿在逆风飞行，蒋老师说，现在的孩子，就像那只小鸟，要在大风中搏击，逆风中飞行。学习如逆水行舟，不进则退，没有坚韧不拔的性格是不行的，孩子们马上就要面临人生重大选择，"天将降大任于斯人也，必先苦其心志，劳其筋骨，饿其体肤，空乏其身，行拂乱其所为，所以动心忍性，曾益其所不能"，她要教孩子们学会吃苦。于是她自己坚持每天6点20分第一个到教室，为人师表嘛，正人先正己。相信在她的带动下，不会有一个学生迟到早退。她说不管是早晚自习，她都要陪伴着同学们，第一个来，最后一个走。蒋老师说这就是孩子们在高三前打基础的过程，"基础不牢，地动山摇""吃得苦中苦，方为人上人"，这成了她在孩子们面前的口头禅。说到此，蒋老师的脸上洋溢着自豪，她说，通过前半期考试来看，孩子们的成绩在全校的排名进步不小。但她觉得还不够，因为她发现有些同学的努力程度仍有欠缺，通过一段时间观察，班上的孩子，还有一些孩子气，平时养尊处优惯了，坚韧度不够，偶尔有不完成作业的现象出现。根据孩子们的特点，蒋老师说她采用了一个"笨"办法，那就是通过建立家长QQ群向家长"告密"，家校一起敲打孩子们，让他们没空子可钻。

　　蒋老师毕业于西南大学英语专业，教龄已有近十年了，在师大附中算较有名的班主任之一。她说作为班主任，除了教好自己的主课外，还要与孩子们做朋友，教他们做人。自己的做法也是师大附中"立人、新民"和"行己有耻，君子不器"理念的最好诠释。所谓"立人、新民"就是立足学生终身发展，陶冶学生独立的人格，培养现代国家公民，锻铸未来国家精英，培养健康、快乐、独立、仁爱之人，而所谓"行己有耻，君子不器"就是指教育人要有海纳百川之胸怀，要坚持学生全面发展，教育学生心系天下，关怀苍生。她说自己来到10班，与每位孩子交谈，了解到每个孩子的个性以及给自己的定位、将来的职业设想，而后给大家梳理观点，指出利弊。教育孩子们要结合自己的实际，立志高远，博学笃行，自强不息。看到10班的孩子们即将成人，她说其实从内心深处是把这些孩子当成自己的弟弟妹妹。我问她这不就失去了老师的威严吗？她说不会，反而是提升了自己在孩子们心中的高大形象，这样做不仅拉近了与孩子们的距离，而且还让孩子们可以自由地向她诉说自己的内心世界。蒋老师说现在很多孩子与家长沟通比较难，有些情况根本不与家长说，一回到家里听到的就是唠叨。这种情况其实不能怪孩子，我们做家长的也有责任。要么是对孩子期望值太高，要么是不理解孩子不同时期的心理特点，无意中人为地制造出一些沟通障碍。讲到这里，蒋老师从自己的办公桌里拿出一沓写满了字的纸，她从中挑出了一份，写的是一位同学遇到早恋困惑向老师寻求帮助的事。按常规，孩子是不会将这些事与他人说的，但这位同学已把蒋老师当成了亲姐姐，当成了无话不说的闺蜜。后来在她的帮助下，这位同学走出了情感困惑，全身心投入到学习中。同学们有的还向她倾诉了诸如学习压力、家里发生变故、同学关系紧张等困扰，她都全力为孩子们排忧解难。

最近，我又在家长群中看到蒋老师说她把每一位同学的生日都记在自己的工作台历上，当同学们的生日来临时，她都要为孩子们送上一份小礼物。她说这样做能让孩子们在枯燥无味的学习中感受到家的温暖、得到一些小惊喜，这样可以缓解孩子们的学习压力，愉悦他们的心情，从而提高孩子们的学习热情。家长们看后由衷地从心里感谢遇上了这么一位好老师。她们纷纷争着要捐款，蒋老师却婉言谢绝了。现在孩子们学习内容增多，难度有所加大，一些孩子感到有了压力。蒋老师说孩子们都是通过中考考入西大附中的，他们都是全市中考的佼佼者，她相信通过自己不厌其烦地为每个学生分析其自身特点，找到适合孩子们各自的学习方法，为他们查漏补缺，一定会使孩子们迎难而上，渡过难关。她作为一名班主任，既有老师的威严，又有家人般的温情，这样的老师，孩子们和家长们都会舍不得。

在我即将离开蒋老师办公室的时候，我已被蒋老师的人格魅力所折服。她在我面前展现的就是一位以学生为本，尊重个性发现，兼爱包容，崇尚人文理性的教师典范，这也是高雅的中国传统文化在蒋老师身上的体现。我也终于明白了孩子们的不舍之情，家长们的焦急心态。临走前，我试着问了蒋老师是不是真的要离开10班，蒋老师笑着反问我："你觉得我会吗？我也舍不得这群孩子们呀！"

我庆幸孩子们遇到了这位美丽的教育天使，我仿佛看到了2017年6月10班高考成绩取得辉煌的那一刻。

第五辑 做回原来的自己

当一个人置身事外，对身边的事不问不理的时候，做回原来的自己，也许幸运的事情就会在身边发生。日有所思，夜有所梦。践行诺言，付出真爱，世界一定会变得美好。

搬家情结

　　还有几天就要搬家了，人们都说乔迁之喜，但对我来说却不知喜从何来。其实在开始的时候，就没打算搬家装修新房，因为我们本来就有居所。若不是妻子催促，我还真的是不情愿，然而有意无意中，我们还真的把房子装成了。定了时间要搬家，说实在我还没有做好思想准备，因为我一直舍不得我们曾住过的房子。

　　几天前，我下了班，没有回新家，而是一个人径直回到了我曾经住过的地方，满目空寂，除了几张沙发椅子、一个茶机，里面已搬得所剩无几。我孤零零地坐在客厅茶机旁，脑子里满是曾经在这里生活的场景。这是我生活过十余年的地方，自我搬进这个家的那天起，我就默默打定主意要永远住在这里。朦胧晨曦中，这个温馨的家便默默地目送我们去上班；白天，它便像个可亲的老人，默默地守护在原处等待；晚上，它便隔挡着城市的喧嚣，用它的温暖陪伴着我们慢慢地进入梦乡，就这样日复一日，年复一年。在这里，曾留下了我和妻子共同奋斗取得胜利的欢笑，也曾留下了工作上带回的不快与忧伤，十年生活留下的点点滴滴，就像电影回放一样，每一个细节，都会触动我的情感神经。我的眼睛浸满了泪水，伤感之情涌上心头，真想哭出来。现在我们真的要搬离这个地方了，我不知该如何表达此时心情，我在屋里站立良久，还是离开了，心里暗暗地想，我会常回来看你的。

城西的小河穿城而过，河边的小楼就是我住的地方，那是我和妻子共同打拼的成果。为了自己有个家，我和妻子计划着，不管再苦再累，也要节衣缩食，努力攒钱。也许是我们的运气太好，没过几年我们就赶上了单位的集资建房，让我们省了很大的力气。那时，我们是日思夜盼，多么想早日看到房子的雏形。从房子奠基开工，框架成形，实体样板，直到房子交付，我和妻子是欣喜若狂的，我们终于有了属于我们自己的房子了，怎么会不高兴呢！后来，我们基于自己现有的条件，想把房装修得简洁大方，营造一个漂亮的小窝。于是我们通过粗略设计，精心选材，聘请工人，严密监工，房子终于装修完工。我们住了进去，我和妻子约定，无论谁有空都要每个星期打扫一次，从卧室、客厅、书房，到厨房、卫生间处处清洁一遍，房子得到了我们精心的爱护，它时时都保持得干净整洁。尤其是它的墙面，如今仍然是保持得光洁如雪，我们的儿子也很懂事，从小到大也从来没在墙上画一笔，没有留下他的小手印。有时，我们实在是太忙了，很想请钟点工来打扫，但是我还是放弃了，我怕他们破坏了房子的肌肤，弄花了房子的墙面，因为只有我们才摸得到它的脉搏，听得见它的呼吸，我们才知道使用清洁工具的轻重。正因为这样，我和妻子才常常在别人面前说起自家房子的时候有一种自豪感，虽然我们的房子不是很大，装修也不是很豪华，但它的简洁大方，干净得体足以让我们感到非常满足。

在这个房子住久了，也就有了感情，不仅仅是因为它是我和妻子亲手创造的，因为它成了我和妻子生活中的亲密伙伴。它成了我们休养生息的地方，成了我们避风倾诉的港湾。早晨，当零星的鸡叫惊醒了我，当窗台外第一缕阳光照进了卧室，我们钻出被窝，开始洗漱，准备饭菜，早早便上班去了，直到晚上或者第二天才回到家里，虽然回到家里免不了准备晚餐或一些家务的忙碌，但那时还是觉得尤为温暖轻松，因为上班的疲倦与烦恼虽不值得挂念在心，但常常是影响我心情的一部分，而我又是一个不擅长于掩藏心事的人，因此心里的不快常常是显露于脸上，直到回家里的那一刻才隐去。我有一种真切的感觉，那就是与我们亲密的伙伴相处，我有什么不可以说呢？因为它什么都听我的。我当着它的面，可以唱歌，可以跳舞，可以哭诉，可以说出自己心里的不快，他静静地听着，默默地看着，从不评价我们的好坏，从不做鬼脸，从不给人难堪，它比我们工作上一些人好得多。当然它也不是完美的，我们在家里也有郁闷的时候，但它独特的位置却弥补了这一切。矗立街心的商业价值，处于菜市的便捷路径，紧临上河广场的空旷，侧面一条小河穿城而过、远处河两岸是海棠枝茂、杨柳垂条、人来人往的风景，无不显示出它的灵气与动人，那时候我们就会想起到它周围去领略它的风景与便捷，实实地解了我们心头的苦与忧。因此我与妻子常常是从家里出来，一道去逛逛街，购购物，特别是到河边散散步。四季不同景色，让我们看到了海棠花枝的艳丽与凋落，杨柳的枝茂与枯竭，让我们感觉到在喧嚣的城市里一样会感受到大自然的生命力，从而激发我们工作生活的热情。这么多年来，我们就是这么过来的。

　　然而，后来我们产生搬家的想法，也许就是从我们邻居的变化开始的。几年前，隔壁搬来了一些农村来的人成了我的邻居。开初的时候，大家在一起热热闹闹的，相处得也友善、和睦。然而时间一长，我便发现他们虽然给我们带来了热闹，但是也给我们带来隐忧。我的住处周围开始弥漫了一些恶臭，先是门前常常长时间放置一堆堆垃圾，直到发霉流出黑水才弄走；住处周围的空气变了样，常伴着一股股腥味，空中时常飘着鸡毛、鸭毛，我知道，这是他们把农村人不放弃任何一块空地的美德带到了城里，那就是把阳台空屋变成了一个个养鸡、养鸭场，哪怕只能养几只，他们也自得其乐。我曾试着提醒他们，但他们却理直气壮地拒绝了我，说在农村的习惯不是一天两天就能改变得了的，我也试着去找了物管，但他们也无计可施。其实我也不是怪他们土气，只是自己生活环境变了，生活的习惯也应该变一变，因为城市与农村毕竟还是有很大的区别。后来我一想，要是我说他们没素质，别人又得说我假装清高了，因为我也曾是从乡村来到城里的。我的力量改变不了他们，我只得改变自己，我硬撑着，包容了他们，因为我舍不得我住的地方，却也没有更好的办法。后来我们有了条件，妻子的工作地点又变了，她便提出在离上班的地方购置一套房，远离那些不听劝的人。我本是一生节俭的人，无奈妻子一再坚持，我只好在半推半就中答应了。

　　如今我们已经搬家了，妻子想要把那套旧房子卖掉，但我却怎么也舍不得卖那套房子。我想如果妻子能够看到这篇文章，她一定会明白我坚持不卖的原因。

　　城西河边小楼成了我永远不能忘却的纪念。

看电影

前些天，吃过晚饭，儿子说想要看电影，妻子有些迟疑，我说正合我意。儿子感到意外，他不知道我从哪里来的看电影的热情，竟与其不谋而合。如今已经看不见七十年代那种老电影院的影子，也体味不到排队抢票空手而归的遗憾了。在我的童年印象中，看电影的经历却是十分坎坷的，既有快乐也有忧伤，但它给我带来的美好回忆却实在是难忘。

对于童年时的我来说，偶尔能看到一部电影，就像逢年过节打牙祭一样，实属稀罕，也回味无穷。孩子们在电影营造的场景中游离人生，想象着用自己替代嘎子、孙悟空……把自己想象成具有正义感的无比强大的英雄。父母看到天真活泼的孩子们从此有了心中崇拜的偶像，有了向往追求的目标，看到了孩子们在潜移默化中进步，也都把电影看作是文化熏陶的好方式。孩童时的梦是美好的，然而能接触到电影这样的文化熏陶，其实不易。那时一个乡镇只有一个电影院，一周放映一次，孩子们放学了，正值《小兵张嘎》《大闹天宫》《天仙配》等电影放映到高潮，打斗得厉害，唱歌的声音蛮大，孩子们忍不住跑到电影院大门口贴耳倾听或者从门缝中偷瞄影像，一个接一个，脸都擦破了皮，更有甚者还想利用自己娇小玲珑的身躯从电影大门的门缝中挤过去，头刚一露出就被卡住了，进退两难，这样少不了受到检票人员的一顿斥责。直到电影快播放完了，大门打开，他们才站在人群身后，看到了电影的最后结尾和滚动字幕，不过这也心满意足了，因为孩子们把听到的声音和看到的画面深深地烙在了心中，向父母们讲出了他们对电影的神奇感受，父母被感化了，觉得孩子能讲出自己不知道的事，于是也有了看电影的冲动，无论哪家有红白喜事包场看"坝坝电影"，父母都要带孩子们去凑热闹，去看一看充满了神韵的未知世界。因为他们心中有一种寄托，想让自己的孩子们能成为电影中塑造的英雄。无论在城里或是在农村，看电影都是一种奢侈的行为，要么是逢年过节，要么是庆生做酒，或者是红白喜事，只有在这种特别的日子里，亲人长辈才有可能不吝惜钱财，给娃娃们零钱，到街上去享受一番这文化大餐的味道，或者是包一场"坝坝电影"，让街坊邻居前来凑一凑热闹。记得有一次，天黑了，父母收工回来，不知从什么地方传来了电影发电机声音，响彻了夜空，于是家人友邻十来个人，邀约一起，循着声音传来的方向前行，去看"坝坝电影"。那晚的风很猛，发电机声音时大时小，风向也忽左忽右，让我们摸不清方向。夜深了，我们仍在黑夜里穿梭，直到天快亮了，我们才找到放电影的地方，电影已快放完，但大家还是说，没白来，毕竟看到了结尾。后来我们知道，那家是因老人去世而包场放映电影，年幼无知的我心想莫非这飘忽不定的大风是故去的老人作怪，无形中给我留下了一种阴森恐怖的气氛，念叨说晚上再也不去看电影了。但没多久，这事情也就忘记了，依旧是每逢免费电影必看。那时人们没有把看电影的环境当成一回事，注重的是电影的本身，可以说，几把破旧的座椅，一个简易的舞台，挂上白布，就能达到大家看电影的目的。而"坝坝电影"的放映环境更简单，用两根竹子四根绳挂银幕，等到天一黑，天然幕景就成了，至于音响效果，唯一能做的就是调高音量，让声音在黑寂空旷的四野传得更远。而循声找电影的经历在我们身上不知发生过多少次。

如今看电影是网上买票，服务到位，设施齐备，小吃应有尽有，电影院高档豪华、音响效果震撼立体，而3D、4D立体电影的画面效果更是让人瞠目结舌，拍手叫好。看电影越来越成为一种赏心悦目的享受，一场兼具视觉听觉效果的文化洗礼。

时光荏苒，时过境迁，儿子已长成人，也许是我童年看电影的经历太过苦涩，当儿子每每提出看电影时，我都是缺乏兴致。儿子说我老土，没有情趣，这些话深深地刺痛了我。现在我已经想明白了，时代早已变了，我们为什么还要停留在过去的思维当中呢？其实去感受一下现代电影的魅力也未尝不可。看来这次儿子提出看电影时，我这难得的热情就来源于此吧！

做回原来的自己

从大山出发，翻越了一个坡，沿着泥泞的小道，来到了这座城市。看到了城里的人逍遥自在，生活有滋有味，工作怡然自得，我暗暗庆幸自己也是这里的一员了。我也可以结识城市里的女孩了。

这里的天空，好像云彩都要多一点色，山水也更能养人一样，我遇到的人和事都是那样的美好。刚刚到这个令我陌生又向往的地方，我的身上像长着充满锐气的棱角，横冲直撞，总想登高望远，总幻想着有天仙一般的女孩出现。

身边的人都说我是早晨蒙着眼睛看到的太阳，不刺眼，很率直可爱，可以在百花丛中去寻找真爱。我听信了他们的话，开始在自己美好的想象中寻找博得自己爱意的女孩。似乎一切都很自然。一天，我刻意穿了一件崭新的衣服，在莲花池边，约会了一位纯真的女孩，相见是短暂的，爱的表达是真诚的，临走的时候有点依依不舍，不过她问了我一句，我的衣服是不是当天才买的，我不假思索地回答说我平常就总是穿新衣服。而后我们互留了电话。我猜不透她问话的意思，不过她的温情让我念念不忘。然而我们接触的时间不长，就被她父亲一句"现在的儿女之情不是花前月下，而是要有真才实学，事业有成，门当户对的"的话警醒了。我渐渐发现，那位女孩子在感情面前变得很懦弱，不过我也没有勇气去说服她的父亲，这样只好作罢，断了天上掉下个林妹妹的念头。

我就这样被泼了一头冷水，遭受挫折的我，愁绪绵绵，就像乌云笼罩心头几日不开，治愈伤心的最好的药还是时间，再不爽快的事情都可能被它淡化，直至消失。再者就是转移注意力，为自己换个环境。一天早晨，当我睁开眼看到第一缕阳光从天边迸射出来的时候，我又把自己当成了早晨的太阳。与它融为了一体，它的体温暖红我的脸蛋，让我的心渐渐地开始拨开乌云。

我开始潜心做自己的事，但无形之中似乎是在按照某个标准来要求自己。我淡忘了先前的烦心事，如何有所作为成了我潜心钻研的人生哲学之一，我带着要把一个无形的她读懂的心态来理解我所遇到的一切，不把当时的短暂分离看成是冷遇，而是看作了自己手上的鞭子，那当然是鞭策自己的。我相信自己遇到的挫折越多，阅历也就越丰富，也就更能在经事烟云中磨炼自己，读懂自己，读懂她的内心世界。

一段时间来，我没有放弃，我在为一个无形的她而努力，哪怕一个小小的进步成功，也会让我欣喜若狂，但抬头看看自己的前方，似乎近在咫尺的距离又变得远不可及。似乎有一个看不见摸不着的目标在折磨着我，我想走得大步一点，想走得快一点，但往往事与愿违，我渐渐地改变了自己，把自己变得不伦不类，有时似乎自己都不认识自己了。当我独自一人在屋

第五辑 做回原来的自己

内时，回头发现眼前的努力不过是一场梦，感到百倍的付出多半是与泪水相伴，不禁黯然神伤。

当一个人置身事外，对身边的事不问不理的时候，做回原来的自己，也许幸运的事情就会在身边发生。

相聚

在阔别三十年后的今天，我们相聚在这个秋意浓浓的棠城小店。在此，面对清升初八七级乙班最多同学参加的一次聚会，我思绪万千，有感而发。

三十年的分别，弹指一挥间，曾经熟悉的面孔，历历在目，如今虽是颜容沧桑，但同学们的轮廓依旧，同学之间的情意，更显得珍贵。相聚此刻，我心澎湃，相信同学们一定有同感。忆从前，正值青春年华，志在远方。曾记否？在清升三城楼的教室里，我们埋头苦读，努力拼搏的情景；曾记否？我们一起课间下象棋，走人马游戏的欢笑；曾记否？我们对青春懵懂爱意的表达，暗恋的掩饰……这些都是我们美好的回忆。

回首三十年的风风雨雨，回望我们曾一起走过的青春岁月，岁月冲淡的是我们所经历的人生坎坷、悲欢离合，变得更加浓郁的却是我们从容平淡、不拘于功名利禄的同窗情谊，而三年的同学之情，尤显珍贵，它更像是三十年酿成的一坛醇香的美酒，今晚，让我们大家一齐来共同分享！

同学聚首，有说不完的话题。回忆你我快乐的往事，我衷心地期望，在这欢庆的时刻，我们洒下的是笑语，倾诉的是衷肠；珍藏的是友谊，淡忘的是忧伤；收获的是人生经历，放飞的是情绪！

人到中年、岁月悠悠，在今后的人生道路上，我希望大家要加强沟通和联系，互相激励，互相帮忙，共同分享，一齐创造快乐的健康生活！

海内存知己，天涯若比邻。同学们，让我们共同祝愿：友谊长存，激情永在！让我们记住这美好时光，相约来年再相聚！

假日不出游

又是一个难得的休息日，阴冷的天气让人一点出游的兴致都没有。我从面馆吃完饭出来，正欲回家享受个人独处的乐趣，恰好遇到事业有成、飞黄腾达的昔日同事。看得出，人到中年的他们，哪怕深冬腊月、冷气袭人，他们依旧是风度翩翩，似有"只管风光闲与乐"的境界，让人好生羡慕。时空斗转星移，往日的他们，从一个校门出，各奔东西，彼此都怀揣梦想，在这个机遇多多的大千世界里，施展自己最亮的闪光点，不虚度一时，仅此而已。此次碰面，似有久别重逢的感觉，我是又惊又喜，同事往日那快人快语的好客之风，促使我们都想叙叙旧，闲聊闲聊。正愁到何处去时，前面一山水茶园的牌子指引了我们的方向。

来到茶园，我们找了一大厅偏角处坐下，泡了几杯上好的茶，水暖茶香不用说了，只见厅堂内布设有藤条竹椅，花鸟壁纸，玻窗铜灯，古木茶几，还有几位端庄秀丽、落落大方的穿着花布衣服的山茶女热情地沏茶微笑服务，让我们忘却了冬天的寒意，只觉眼前是赏心悦目，就像来到了花儿盛开、鸟儿纷飞的茶园里，遇到了美丽的农家女一样，令人愉悦。

　　对于久居城市的我们来说，也许这个地方，就是一种休闲放松，倾诉释放的好去处。在这里闲聊，我们不约而同地聊起的都是工作的喜怒，其中更多的还是工作上的压力。相隔几年的时间未见了，彼此都有些陌生，谈到各自的工作生活时，我感到在同事侃侃而谈的话语中，隐隐约约流露出一些隐忧，他们都背负着过重的心理压力，步履小心，不敢走错一步，否则会为之付出沉重的代价，说不定会丢官辞工。与以前相比，他们再也没有养尊处优的自豪，再也没有那种高处不胜寒之感，自己就是一普通的民众，需要多一点普通的朋友。

　　我是一个不善言谈者，大多时间都是安静地坐在旁边听他们的摆谈，言辞中我明白了他们最大的一个心结就是对最近新增加的工作量感到不适应。工作量大又繁琐，任务又多，完全改变了原来在安逸中消磨时间的那种工作模式，这种模式也许是几十年没变过。因此现在时间紧了，任务重了，质量要求高了，压力当然也就大了。

　　我本想说这是很正常的事，又怕他们说我严重脱离群众，其实我有一种感觉，无论你怎么努力，如果总是走一成不变的黄铜老路，你是寻找不到金子的。我们只有另辟新径，才能找到更好更亮的闪闪发光的真金白银。我们现在的工作也一样，如果没有一两个亮点，你是不会被任何人注意的，亮点就是创新，要有新的思维，新的工作方式，才有活力。一个没有创新的民族，也就是没有希望、没有活力的民族。

　　这些话我还是生硬地当着同事的面说了出来。不过说出口之后，我感到事情不妙。似乎我们之间的距离又变得更远了。

我在想，他们不是不明白这样的道理，只是与今天的气氛有点相悖，本是来舒缓情绪压力的，我却来了一个大转弯，说了些大话，让人接受不了。

他们情绪有点激动，便用了工作中大量的不公平现象来说明，诸如一些出工不出力；干多干少一个样；事做得越多，犯错的概率就越大等等。这让我一时理屈词穷，还真有点无言以对，似乎我还在某种程度上被他们说服了，因为我发现在我的身上，同样存在着相似的问题，只是我不便向人诉说罢了，看来我不过是死要面子活受罪。

尽情宣泄释放了一番之后，我们都平静了下来，心境似乎一下子变得豁然开朗起来，大家又轻松地说起了茶园田园风光的事。

那天中午在茶社聊完天，我们又一起聚了餐，来了一个一醉方休，而后美美地睡了一天一夜。第二天醒来，我发现久未放晴的天空难得升起了太阳。

中秋偶遇

前日，同学来了一则电话，通知我高中同学商量好要聚会的事。我听后却感到有一种说不出的滋味，为什么呢？因为之前我还不知道我们高中同学联系得这么紧密，看来我是落后了，我已严重脱离组织，好几年没有跟上大部队的脚步，成了快被大家遗忘的天外来客了。是啊，时间过得真快，转瞬二十年过去了，多数同学都已经变了模样，只有那中学时代每个同学的轮廓在我们的印象中还保留了清晰的印象。不管我们在哪座城市，哪个地方碰面，我们都会凭着过去的记忆第一眼认出对方，岁月沧桑，但冲淡不了我们美好的回忆。

有人说，人长大了是会变的，变得让人琢磨不透，但也有人说，有一种事物是不会变的，那就是同学之间的情谊，它是我们在一起学习，生活，玩耍和共同进步中形成的，不需要语音修饰，不需要苦心经营，是我们人生成长过程中的感情凝结。这些年来我曾与不同阶段的同学接触过，在聊起过去学生时代的回忆时，大家流露出的都是最真挚的感情，那时的感情中没有利害冲突，没有压力，没有约束，老同学相聚，总能毫无顾忌地回忆过去，调侃未来。

　　同学间的相聚，让我们的思绪又回到了安富中学。安富中学有着并不悠远的历史，校园略带有点古韵青色的老旧气息，吸引着我们每个同学，对它充满了向往。记得我们刚进入学校的时候，很幸运地用上了新修的教学楼，可就是住宿的地方太差了，宿舍是在学校边角的旧楼里，那里阴暗潮湿，给人一种阴森恐怖之感。学校为了改善我们的住校条件，几次让我们更换宿舍住所，像是在打游击，但我们没有怨言，因为知道学校为的是要给我们修一栋漂漂亮亮的宿舍楼。没过多久新的宿舍楼真的修好了。现在我还记得我住的房间是303号。宿舍环境的变化，为我们的学校生活增添了新鲜的活力，宿舍更是成了我们课后休息娱乐、谈天论地的天堂。

　　让我们感到最为兴奋的是中学时代的点点滴滴都历历在目，仿佛就在昨天，当初发生的一幕幕小事都还在脑海中浮现。在我的记忆中，我们同学中大部分都是来自农村的，当我刚去安富中学报道时，我还略有不安，感觉自己有点寒酸，怕与那些城市里来的同学相比会显得格格不入。但后来的感觉完全是两样，大家都把同学当成一个大家庭的成员，没有因为来自不同的地方而产生亲疏差别，只有同学之间的亲切微笑，相助倾谈，激励上进。前任班长的眼镜和学风，后任班长的笑容和负责的态度，几个女同学的朗朗的笑声，同桌那歌唱家的风范，诙谐犀利的跳远冠军，个头像个小娃娃的青衣同学，几个喜欢打闹却被当作班级保护神的调皮男孩，他们的音容笑貌仍在我脑中清晰地浮现。学校的上课铃声，走廊上的争论声，迫不及待地等着下课的嗡嗡议论声，食堂里叮叮当当的碗筷敲击声，晚自习前的歌唱声，构成了我们学校生活的全部。学习生活是丰富多彩的，在这个学习的摇篮里，我们共同度过三年的美好时光。学习是枯燥的，但我们每个同学也是很努力的，那时学习氛围还是很浓的，因为我们每个同学也许都有着为自己今后的梦想而努力的打算，自负压力，要在学习方面有所突破，不管是否成功，但只要觉得自己努力了，哪怕到时没有如愿，也可心安理得。虽然高考那年从我们班跨入高等学府的没有几个，记忆中只有两三个人，他们是幸运的佼佼者，而我们有许多同学败下阵来，其中也包括我，但我们并没有气馁，而是选择了再接再厉地拼搏，最终改变了自己的命运，走进了高校，奔向了城市。可以说我们很多同学都有了不错的成绩，这是我们所有同学都应该感到欣慰和自豪的。

那时我们的同学，在学习之余，也不失浪漫。记得我们上晚自习之前，经常三两结伴一起到操场、到校外的农家田野去散步、吹风、纳凉，以舒缓一下绷紧的神经。在空旷的山野，我们不免要谈起自己对将来的打算，对今后人生的设想，有时觉得自己的前途渺茫，不免有点伤感，特别是农村来的同学，因为一旦没有迈过高考这道坎，命运将会完全不同，自己仍将回到自己的老家老房中，干那祖祖辈辈种田人的活。当然城市的同学路子要多一点，这也是我们许多农村同学很羡慕的地方。每逢礼拜天，我们还会约几个要好的同学，到附近屿口方向的李家寨、楠竹林去游览一翻，我还记得初次前往时，那还是我第一次游山玩水，别提有多兴奋了。看到寨墙依稀的遗迹，遥想当年工程的雄伟，土匪的凶残，解放军的神勇，我们每个同学都发挥自己的想象，描绘出了当年的图画，不过究竟谁畅想得最准确，谁也说不清楚。当我们站在最高处，一望山下的楠竹林时，那成片的绿色，让人遐想，让人神往。一路上，我们都有说有笑，轻松而愉快，没有烦恼。

人到中年，有着美好的回忆，是一种幸福的享受。也许这段文字能引起同学们的共鸣，让我们的同学情谊在回忆中闪闪发光。在这中秋来临之际，让我们共同祝福每一位同学，在秋日的阳光下，过好每一天。

端午情怀

前几天，我到街上走一走，偶然发现满街都是卖粽子的广告，店铺门口音箱里传来的促销声不绝于耳。我知道了，农历五月初五，传统的端午节快要来了。

端午节吃粽子是我国的传统习俗之一，我们昌州也不例外，问起老一辈的邻里，他们说在他们以前的年代，吃粽子是一件很奢侈的事，那时候饭都吃不饱，哪还有粽子吃呢？吃得上粽子的一定是村里有名的大户人家，因为粽子是由糯米做的，这种谷子种的人少，产量又不高，所以价钱昂贵，因此粽子对他们来说是可望而不可即的高级食物，但受习俗的影响，就是再穷，到了端午节的那天，每家每户砸锅卖铁也要想方设法弄点糯米，做几个粽子来尝一尝，说是对祖先的尊重，要不然一辈子也不得翻身。现在想来，在我们小时候，同样也是那样的境况，我们能吃上父母做的香喷喷的糯米粽子，也是很难得的吧！

除了吃粽子，五月初五的那天，每个大人小孩还要在额头上涂抹雄黄酒，这说起来挺吓人的，因为光是只看酒的颜色，红黄中带亮色就够吓人的，再加上父母说雄黄酒可以驱虫镇邪，给这习俗又增添了一些神秘的色彩，足足地给我们幼小的心灵蒙上了一丝恐惧的阴影。因此一些胆小的女孩，酒还未抹上额头，就早已被吓哭了。一些胆大的男孩子为了表示自己的勇敢，装出一副英雄的脸孔，带头将酒涂在自己的脸上，有的还装模作样画了一个"王"，弄得像一个小丑，逗得大家哈哈大笑，旁边胆小吓哭的小女孩，这才止住了哭声，不情愿地也在头上涂了几下。其实当时人们将雄黄酒涂抹在一些生疮害病的小儿身上，只不过是因为当时医疗水平低下，而把它当成一种预防及治疗疾病的偏方罢了。

还有令我印象比较深刻的习俗就是门前悬挂艾草与菖蒲。长辈们说清明插柳，端午插艾，在端午时，人们把挂艾草与菖蒲当成一件很正式的活动，如果当年因为自己懒惰，而错过了挂艾草与菖蒲的时期，那就预示着当年家里不得清净，就会闹鬼神，就会生疮害病，因为在他们的心目中，艾草挂在门前可以招百福，可以使家人身体健康，而菖蒲形似利剑，插在门上，可以随时斩杀来犯入门的妖魔鬼怪，有古语曰："手执艾旗招百福，门悬蒲剑斩千邪。"现在想来，所谓的"招百福，斩千邪"不过是人们对美好安宁生活的一种向往，世上本就没有什么妖魔鬼怪，那时生活水平不高，生产能力极其低下，人们战胜自然，战胜病魔的能力差，有时候也就只有听天由命，因此他们发挥自己聪明才智，利用自然中一些有特殊功效的草药来治病防病，而即使用了却没有收效，他们也会在心中幻想有一种更高的力量来帮助他们，那就是心中之神，像是一种心理寄托，达到一种心理安慰。当然端午的习俗还有其他一些如戴香包、放风灯、荡秋千、女儿回娘家等，只是在我们这个地方不容易看见了。

　　端午的习俗能够延续至今，说明他具有极强的生命力和感染力，经过查阅资料，我知道了五月初五本是古人在这仲夏登高的好日子里，举行赛龙舟的祭祀活动，又因爱国诗人在该日抱石投汨罗江而死，后人便以此为纪念日，称其为端午节，来表达对爱国诗人的缅怀。在古人那个刀耕火种的时代，赛龙舟祭祀本就是家喻户晓的、神圣的活动，而诗人屈原投江而死是受国人崇拜的爱国情怀的英雄情怀表现，精明的统治者巧妙地利用了二者的结合点，树立了一个忠君爱国的标签，将端午节作为纪念屈原的节日。现想来仍有其现实意义。

　　在我们这些地方，除了吃粽子、赛龙舟这些带有趣味性的风俗仍延续下来外，其他的已不多见了，这与我们生活水平和抵抗自然灾害和疾病的能力提高是分不开的。当然这两项活动也是全国端午节最盛行的习俗，但是吃粽子、赛龙舟已完全失去了他原来的意义，人们已经渐渐地淡化了其中的纪念和爱国的初衷，这不得不成为我们的一个隐忧。

　　是啊，我们吃粽子、赛龙舟不能仅仅当成一种品美食、享趣味的活动，我们要把节日作为警醒自身的时间节点，随时提醒自己要居安思危，发奋图强，爱自己的国家，爱自己的家乡，也许这才是我们始终传承这些传统节日习俗的意义所在吧。

婚礼誓言

我见证了一对新人的结合。

一个星期五下午，我在办公室上班，一个熟悉的面孔出现在我的面前，他是几年前刚转业回地方工作的同事，笑嘻嘻地递给我一个红色的礼品盒，说他要结婚了，时间就定在星期六盛情邀请我去参加他的婚礼，我欣然允诺："好！这是大喜事，我一定会去！"

当他走了以后，我打开那个精致的红色盒子，原来是一封非常别致的请柬。扉页一首诗《相遇》讲述着新人坎坷的爱情故事，旁边印着两颗心拼在一起的图案，令人不禁对这段爱情产生羡慕和神往。

那一天，我携妻儿如期赴宴，在迎宾的大厅里，新郎新娘淡妆新衣，没有多情少女的羞涩，没有大男孩的木讷，忙活着招呼前来祝福的亲朋好友，俨然就是一对真正当了家的主人，那么热情，那么大方。大厅里，欢笑声与祝福声交织在一起，像沸腾了的水，嗡嗡作响。

我受到新人的特殊礼遇，被安排在婚礼主持台旁的位置坐下，这也许是观看那神圣仪式的最佳位置吧。

中午12点28分，神圣时刻到来了。在座的宾客们鸦雀无声，专心地听着婚礼主持人妙语连珠的开场白，全场中央，宽宽的红地毯铺就了通往婚礼殿堂的通道，一位姣美动人的穿着婚纱的女孩在其父母的搀扶下变得羞涩起来，迟迟没有迈出步子，也许是在等新郎的双手，好让父母亲手将自己交给托付终身的人，不知是预定的程序，还是心灵的感应，新郎踩过红地毯，神情有些紧张慌乱，沉重而缓慢地伸出手，从岳父母手中接过了心爱的人，似有千斤重担，两位新人的双手紧紧地交握着，终于大胆地双双迈出了踏进婚姻殿堂的第一步。

美好时刻来临，有童男童女的古筝弹奏，有故人朋友的祝福，有父母亲人的陪伴，一对新人终于走过了漫长的路，找到了自己的终生旅伴，这一刻，他们感觉到美满，感觉到幸福，那喜色已经悄然挂在了脸上。新娘新郎相视无语，静静地等候着主婚人与证婚人的到来。

主婚人是女孩单位的领导，一上台来就给人一种不俗的气派。其婚礼证词就是一个充满奇遇的爱情故事：

在一个淅淅沥沥的小雨天，一位大男孩从泥泞的小路走过，不经意间绊倒了一位擦肩而过的妙龄少女。女孩左脚受伤了，没有怒气指责，而是宽容地说："没什么，以后小心一点就是了。"男孩坚持着要带她去看医生。一人坚持，一人谢绝，就在相视的那一瞬间，一种莫名的力量，让双方的眼神泛起了波澜。女孩的脚的确是受伤了，医生看了说虽没有大碍，但是伤势要很长一段时间才能恢复。男孩就这样傻傻地白天、黑夜里陪伴着，时不时地问候一声，从冬天到春天，直到女孩的脚恢复如初，此时一种绵绵不断的情丝已在两人之间蔓延。男孩心里割舍不下那个受伤初愈的女孩，悄悄地去她家楼下望着。正当男孩依依不舍准备离开时，站在窗台的女孩散落了一条红丝巾，飞舞空中，似有天意注定，那丝巾就落在大男孩的面前。大男孩将其捡了起来，扎成了一朵漂亮的红玫瑰，走到女孩面前："就当作是我送你的花吧。"女孩微笑着欣然接受。

　　这就是他们初识的美好，是他们坠入爱河的前奏，也许此时彼此都急切地想了解对方，了解彼此的过去与现在。就在他们一起畅谈着彼此的童年，憧憬着美好的明天的时候，或许是上天故意为他们安排了一场考验，大男孩在一次出差时出了车祸，右脚严重受伤，医生说他很有可能再也站不起来了。大男孩将此情况告诉了女孩，并提出了不要继续交往的请求。女孩没有回答，只是默默地守候在他身边，陪他养伤，这情形就像当时大男孩陪着女孩养伤一样。就在一个静静的夜，女孩推着男孩的轮椅，在夜空下说着悄悄话，看见满天亮晶晶的星星，男孩就说想摘一颗最亮最亮的星星送给女孩，来弥补第一次送玫瑰的尴尬。也许是爱的力量感动了上苍，此时恰巧一颗颗流星在滑落，就像是天空在落泪，男孩激动地伸手想去抓那流星，竟然一下子就站了起来，女孩目瞪口呆，奇迹出现了，男孩竟然能够站起来了！他们紧紧地拥抱在一起，泣不成声……

　　证婚人高大英俊，是新郎单位的同事，用诙谐幽默的语言像大家证实了男女双方的真实年龄以及结婚证的合法有效。这一步也许是每场婚礼都少不了的程序。

　　见证了爱情的坎坷与合法，接下来就是新郎新娘的真情表白：

新郎说："在将来的日子里，我为你打洗脸水，你为我擦擦汗；在你烦恼时，我读懂你；你父母即我父母，你兄弟即我兄弟；不能给你一生的富贵，只能给你一生的幸福！"

新娘说："在将来的日子里，我为你打洗脚水，你为我梳梳头；在你烦恼时，我读懂你；你父母即我父母，你兄弟即我兄弟；不能给你一点的娇气，只能给你一生的温柔！"

现场的宾客席中响起了热烈的掌声，也许大家都被新娘新郎最真挚的真情表白所感动，他们用朴素的语言道出了爱情的真谛：用华丽甜蜜的语言修饰的爱情往往看起来很美，但不能长久，经过磨炼的爱情才会经久不灭，才能如永生花一般长久飘香。

见此人间真情，我为他们写了一首无题小诗：

雨天

从泥泞的小路走过，

相遇

冬天里的折枝

呵护

到春天的季节

终于

嫩嫩的芽，秀秀的枝

惊醒了

梦中的一个怜香的愁煞恋人

如愿以偿

依偎在

月光下的花栏里

但直到现在我还没有送给他。

汶川，我想来看你

前些日子，日本发生地震，其严重程度让我想起了当年的"5.12"汶川大地震，因为这是我亲身经历的震感最厉害的一次地震。

重庆荣昌是个地震不断的地方，只是小动不断，大震不见，因而我们对所谓的地震就显得有些麻木，直到发生"5.12"大地震才使我们深深感觉到灾难的可怕。那天我正在家休息，躺在床上，正欲入睡，突然窗框吱吱作响，床头抖动不停，本想这种感觉会一瞬即过，谁知这样的抖动越来越强烈，持续时间之长已超过了自己的忍耐力，糟了，地震了！我顿时头脑一片空白。

灾难来临，出于求生的本能，逃离是不由自主的动作。哪怕有一点点不安因素，都会引导你的思维往不利方面思索，让你惶恐不安。那个时刻，当我从楼上跌跌撞撞地跑到安全的地面时，看到的到处是惊恐万状的面吼，人人都在诉说着险境，颤抖的双手拿着"无用的"手机，在平地上喂喂地喊个不停，迫切地想要联系亲友，想确认他们是否平安无事。房没倒，地没裂，人没伤，这是万幸。虽然没有看到人员伤亡，但足以让人感到生命在自然面前的渺小与脆弱。

当大多数人从惊魂未定中清醒过来的时候，发现自己和身边的亲人平安无事，那是多么的庆幸。然而我看到的、听到的是这里的人们平静下来后立即关心起地震的中心来，因为他们很自然地想到自己居住的地方都抖动那么大，可想而知地震的中心会是什么样子了。

后来我们听说地震的中心是在汶川，在那以前我还不知道那是个什么地方，后来知道它就在距离我们300多公里的地方，那里跟我曾经去过的都江堰是挨着的。当晚我们就从电视新闻里得知了地震的震级，与当年的唐山大地震相比是有过之而无不及。天呀！唐山地震都死了那么多人，整个城市都没了，不知汶川境况怎样，但想象得出来毁损有多么严重！接下来就是铺天盖地的消息传来，伤亡、失踪、房屋倒塌，救援是十万火急。

几百公里的距离能隔断我们与汶川灾区的联系吗？不能！因为我已看到了一家家商店、企业毫不吝啬地捐物捐钱，看到了我们这里的机关、团体、社会各界源源不断地慷慨解囊，看到了小孩子们也都纷纷拿出自己的压岁钱……他们都有共同的心愿，用自己无私的援助，来抚平汶川人民的伤口，让他们坚强，帮他们重建家园。当然我也是其中的一员。天灾无情，大爱无边，我们的世界充满了爱，自然力不可抗拒，但人的力量是无穷的，那就是我们的民族之魂——坚强、团结，一方有难，八方支援。

在自然灾害面前，也许最能体现一个地方、一个民族的力量与伟大，因为地震的无情，在撕裂大地的同时也给人类的生命和心灵带来巨大的创伤，但是不屈不挠的中华民族，在经历每一次大难后，都能表现出更加强劲的力量，在最短的时间内为灾后的人民抚平伤口，重建美好的家园，让世界刮目相看。

也许当你再一次来到汶川时，你会惊叹地发现，一座现代化的新城——汶川新县城重新屹立起来了！它会是多么的漂亮啊！

汶川，我多想来看你！你是我们中华民族顽强团结战胜自然灾害的最好见证！

第六辑　一盆兰花的故事

心地善良，心存感恩，路才越走越远。

一盆兰花的故事

王老汉独居陋室多年，节俭成癖，育有一儿一女，儿女在外已成家立业，儿子爱钱如命，女儿心地善良。王老汉少言寡语，又无其他爱好，平素在家读书看报，偶尔到茶馆喝茶聊天度日。

王老汉从一位刚刚离世的挚友那儿得到了一盆兰花，放置阳台，兰花满叶尘土，黯淡无光，几片残叶奄奄一息，没有一点生气。花盆也被泥土黏附着，钵体上那隐约可见的图案也被遮住，失去了它本来的光彩。不过自从端来这盆花以后，王老汉每天都会在阳台边凝视它许久，有时一待就是几个小时，身影像是定格在了阳台上一样，口中还念念有词，平素少不了浇水、松土、施肥，天冷了，他会为它变换位置，天热了，他会为它遮挡阳光，王老汉俨然成了一位护花使者。

王老汉一心一意守护着阳台的兰花，就像对待初生的婴儿一样，对它关心得无微不至，然而兰花还是不见复苏好转，王老汉心急如焚，只得到花市讨教养兰之秘诀。一花农接连问了王老汉几个关于兰花的问题，王老汉却一个也回答不上来，花农笑着对王老汉说："连兰花的品名都叫不出，还养什么花呢？"

王老汉只好把花的来历说给了花农听。原来这盆花是刚结交不久的挚友遗赠的，在他们结识那阵，真是相见恨晚，谁料挚友病魔缠身，不日离世，王老汉悲恸不已，前去悼念，得其遗赠兰花一盆并书两言："万事皆成空，魂去花还在；情深难割舍，赠兰以作别。"王老汉伤感之余，将兰花放置自家阳台一角，呵护有加。花农听完王老汉的讲述，非常感动，便亲自到王老汉家中指点。

花农来到王老汉家中一看，不禁对这兰花连声称赞："好花！好花！"继而又说"情义无价，兰也无价"等语。王老汉听出了花农说的就是自家阳台上那盆兰花之高贵无价，有点喜出望外，只不过他还是一味地想知道养兰秘诀。花农感叹此兰品种非同小可，价值不菲，担心在传授上出现差错，以致王老汉养花不善而怪罪自己，因此也就不敢妄言，只是草草点拨几句便要离开。王老汉悟出花农之谦虚，只好答谢并送别花农。

花农走后，王老汉按照花农的点拨，精心呵护，不多久，兰草拱土出芽，涅槃重生，长出了娇贵的叶片，显出了它的生机勃勃，王老汉禁不住高兴地吟诗一首："阳台花两盆，护栏秀一枝；青青绿叶茂，滴滴水亮晶；高洁如雅士，清欣如见君。"兰花终于起死回生，王老汉仿佛又见到了故友，真情难收，脸上露出了久违的笑容。

王老汉一夜之间变成了"花痴"，引起了长期在外的儿女们的注意，女儿问父亲，为何对兰花情有独钟，王老汉并未直接作答，继而指向兰花道："骨肉不如花，花比人有情。"女儿隐约听出了父亲的话中之意，想到父亲含辛茹苦，将儿女养大成人，儿女们却远走高飞，留下父亲孤单一人，怎能不触景生情呢！女儿甚是惭愧，决定举家回迁，陪父亲安度晚年。儿子却不以为意，认为父亲是无所事事，不务正业。王老汉将儿女们的言行看在眼里，记在心上。

一日，王老汉心脏隐隐作痛，自感时日不多，便将女儿叫到身边问道："自己平素好接济邻居，所余钱财无几，家里只剩陋室一间、兰花一盆，该如何交代？"儿子生怕吃亏，抢先说要房产，而女儿却偏爱兰花。王老汉沉默许久，长叹道："唉！一个太善良，一个太贪心，谁叫他们都是自己的儿女呢！"事后王老汉问女儿："为何选择兰花却不要房产？"女儿答道："兰花是父亲心爱之物，又是父亲的心灵寄托，也为父亲的化身，我将它带回家，仿佛能时时看到父亲，以弥补自己的过失。"王老汉听了女儿的真情话语，一股幸福的暖流在心中涌动。此后不久，王老汉突发心脏病离世，儿子如愿得到了房子，女儿带着兰花回到了家里。

第二年春天，兰花开了，高洁清雅至极，女儿将兰花的照片晒在网上，意想不到的是竟有多名兰花爱好者出百万高价竞购，女儿目瞪口呆，她终于明白了父亲的良苦用心。

花的面馆

前段时间，我遇到了好几年不见的老同学阿花，她一身淑女打扮，在小巷里开了一家面馆，门口挂着秀气的招牌，店内有四五张桌子，店面如人，整洁干净。以大家的习惯性思维来看，这里地段人气不佳，店也不会长久的，但事实并非如此，花的店是客座满盈，客流源源不断已是常态，且有生意蒸蒸日上的势头，不得不令人刮目相看，看来花一定有她的精明能干之处。

那一天，我又一次到花的面馆吃面，刚到门口，花就热情地招呼起来："同学，吃面，一两，要点醋，起软一点！"。花不假思索地随口说出了我吃面的喜好，这让我非常惊讶，紧接着又来客人了，花热情大方地招呼着客人，亲切地称呼着李大姐，张阿姨……且无一不准确地说出了他们各自爱吃的酸辣、咸淡口味，我禁不住好奇地问："这些客人你都认识吗？"花微笑着说，来吃面的都是客，一回生，二回熟嘛！花的从容自信让我惊讶，暗想也许是每来一个客人，花就用心记住他们，真不简单。我在面馆最靠里的地方找了空位坐下，突然我发现一个黑色的包落在了椅子上，我断定是某位吃面的客人遗忘的，于是赶紧叫花过来，说吃面的客人丢了包，叫她保管好，等失主发现丢失时回来认领。花很是感激，看了一下位置，"呵呵"笑了两声，而后连声说了三声"谢谢"，并把包用塑料袋包好，放进了柜台里。旁边的客人感到纳闷，花既未清点包里的物品，也未声张，莫非此包是老板娘的？要么就是打算私吞？有人对花投来了不信任的目光，有的人提议把东西交给警察，有的说把包打开看一下……就在此时，一个中年模样的女子气喘吁吁地来到店里，开口就问老板娘捡到一个包没有，花放下了手中的活儿，仔细地打量了一下此人，有些迟疑地问："你丢了包吗？""对，哦，不是，是我男人丢了包，黑色的，里面有四千多元钱。"那女子答道。谁知花却说："对不起，我没有捡到你的钱包。"女子显得有些着急，眼睛不停地向店外东张西望，开始有些不耐烦了，大声斥责花说，这么多人看见的，还不认账，并说花是见钱眼开的黑心面馆老板，花还是坚持说没有捡到此女的钱包，就在此时，有人喊了一句警察来了，不知为何，刚才大吵大闹的女人说了一两句气话后就一溜烟不知了去向。结果过来的不是警察，只是一位城管路过。于是大家又七嘴八舌地说开了："哪有这样开店的人，捡到别人丢的东西不还"，"此老板人品不好，生意注定开不长久"，"唉，下次再也不来这家吃饭了"……谴责声声不绝于耳，甚至还有一些不堪入耳的话。

我有些坐不住了，碍于同学的面子，我没有大声质问花，而是将花叫到屏风后面，轻声问她，你怎么说没有捡到包呢？花一脸狐疑地说："你怎么也跟着起哄，难道你还看不出刚才那个女的有问题吗？"我反问："有问题吗？别人把包的情况说得很清楚，你还是不还给别人，难不成是自己想要私吞吧！"外面来客人了，花急着去招呼，但听店里的人议论刚才的情况，客人一扭头就走了。我有些替花着急，心里想着她怎么会变得那样自私自利呢？也许是知人知面不知心，画虎画骨难画皮哟！我有些失望，对花的好印象荡然无存。我走出了面馆，看见一个个客人在花的店面转身就走的情景，心想，这也许是花自作自受的结果吧！我再也没有心情到花的面馆吃面了。

后来的一天，我无意中在报纸上看到花接受采访的消息，记者说，花的记性特别好，可以说是过目不忘，一眼就认出丢包的失主是一对情侣，她能记得住客人来吃面的分量、咸淡，也能自然地叫出客人的姓氏，这足以说是花开面馆的一项绝活。当说到那位到面馆里大吵大闹的女人时，记者说她一眼就看出了那个女子不怀好意，听到有人说警察来了时，那个女子立刻就逃之夭夭了，更能说明花的判断是正确的。记者进一步了解，那个女子其实就是一个骗子，当天那对情侣丢失钱包后，非常着急，就在公共汽车上把丢包的情况说出来了，而这个女子恰巧也在车上，说者无意，听者有心，就在此时，情侣下车心急，一不小心双双出了车祸，人事不省，女子见有机可乘，于是便来到情侣吃面的地方，想捡个便宜，谁知面馆的主人是一个机敏过人的女老板，这女骗子哪里逃得过她的火眼金睛，女人顿时显了原型，灰溜溜地跑了。一个月后，当那对情侣伤愈后，抱着试一试的心态到店里，花将包原样归还给了他们，情侣百感交集，便叫来报社的记者，将花的事迹登报表扬了一番。

看了这篇报道后，我沉默了，脸上热乎乎的，先前那些对花的怀疑早已烟消云散了，我应该从内心深处向花道歉，当我们看待一件事时，如果只从表象来看，往往会产生误解和怀疑。花开的面馆，客座满盈，回头客源源不断，除了面馆的整洁和面本身的味道可口外，花的热情、花的亲和力、花的人品、德行，无疑不是她赢得客人青睐的优势。一天早晨，我和妻子又来到花开的面馆，花和往常一样热情地招呼了我，她仍然记得我爱吃的是酸辣面，店里的客人越来越多，在墙上，一幅"机警过人，拾金不昧"的锦旗在晨曦的照耀下显得格外耀眼。

果果做事

几天前的一个早晨，刚刚下过雨，路面有点湿。

果果慢悠悠地来到楼下的路边等小凡的车。小凡是单位才调来不久的副职，负责管理车辆后勤等一些杂事，每天早晨他都与果果一起去上班。小凡隐约记得果果就住在南北大道中间的一个位置。车到了附近的时候，小凡发现公路两旁浓密的树木挤满了街道，很难发现人站立的地方。当小凡意识到他停下了车，四处观望，看见了果果，就在自己身后十来米处站着，小凡断定果果看见了自己的车，就在原地等，但过了几分钟，果果还是没来，小凡感到很奇怪，怎么果果不上车呢？车上的孔四探出头去叫他，果果还是一动不动，说是非要让车调头去接他。小凡不动声色，发动了车子，没有理睬果果，把车开走了。

果果一脸怒气，拿出手机就向单位的主要领导打电话，诉说了自己的遭遇，说小凡故意把车开得远远的，赌气说不上班了。小凡到了单位里，正好赶上上班时间。不一会儿小凡就从别人耳朵里听说了果果不上班的事，而且还要到局里反映，理由是自己不尊重果果。还说必须小凡亲自去接果果回来上班。

单位的主要领导发现内部的小事要被反映到上级那儿去，赶紧来灭火，似有息事宁人的想法，叫小凡向果果道歉。

小凡是一个老实人，为人谦和，待人诚恳，对同事没有半点不敬的心思，平常与领导关系很默契，也深得主要领导的信任。但这次似乎与平常不一样，他死活都不肯让步，不肯承认自己的不是，因为他觉得自己根本就没有错，不尊重对方的人恰恰相反，果果纯粹是颠倒黑白，恶人先告状，小凡相信身正不怕影子斜，不与那小人一般见识，做好自己的事，才是正道。

见此种尴尬境地，主要领导只好亲自出马，把那欲将向上级反应的果果生拉硬拽地劝了回来。至于原来想调解的事情就搁置一边了，因为他自己心里有数，果果是好几个单位都容纳不下的"高级人才"，因为在果果的眼里，身边的人都不如他的意，因为在他的心目中，他们都在做"欺上瞒下"的事，自己做的任何事情都是按程序来的，只有自己"一身清白在人间"。

果果自以为自己的想法得到了主要领导的"支持"，胜利了，变得更加有恃无恐。遇事动辄就要往局里跑，似是要挟领导，主要领导恰恰是害怕把单位的事情搞复杂，心里很矛盾，干了这么多年的工作还想不出如何对付果果这样的人，这似乎正中了果果的奸计。为此，果果有了很多对付领导的办法。

单位信息化建设的号角早已吹响，要求推行无纸化办公，信息录入微机。为此单位组织全体职员去培训，令人意想不到的是单位连要退休的老同志都学会了，可果果就是"不会"，补考了几次都没过关。然而一旦到了足彩开奖的前夜，就会发现他在电脑前敲打键盘，用电脑演算分析足彩号码的走势，那熟练度和热情度之高，让人根本想不到他会通不过考试。

　　冬季的严打行动来了，无论主要领导把它提到所谓的政治的高度，历史的高度，还是大局的高度，果果都无动于衷，在果果看来根本就不关他的事，因为此时他的"脑病"就发作了，说是工作累出来的，而且堂而皇之地开来了病假条，你还不能说他有意规避工作的风险，他的信条就是工作得越多，出的纰漏就越多。然而当你进入那些时髦的茶楼里时，你会无意中发现果果在麻将桌上打麻将的劲头，凝神算计对方的机灵，让你绝不会看出他是一个头脑"有病"的家伙。

　　春节临近，果果又有动作了。每年的春节，免不了要值班，果果又烦躁起来，他向领导提出他要休假了，一休就是18天，正好迈过春节那最宝贵的几天。领导不同意，果果理直气壮地说那就按三倍的工资补足假期，焦头烂额的领导手里哪里拿得出钱来，自己工作了一辈子，值班、加班无数，从来就没有像他这样，这不是故意刁难自己才怪。苦于无计可施，只得同意他请假，不过还是说了一句下不为例，心里却是叫苦不迭。

　　小凡把果果这些行为看在眼里，然而一件事让他怎么也想不到。那天，单位的体检表下来了，小凡因事很忙，就叫孔四去取，可他到局里找了很久都没有找到果果的体检表，只好拿了其他人的就先走了。回来把体检表交到了小凡的手里，小凡也没清点，后来果果来要他的体检表，小凡怎么也找不出来，最后果果一气之下自己到局里才找了出来。果果心里不舒服，就怪起小凡来，说是小凡故意不取他的体检表，并放出话来说今后小凡安排的什么工作他都不会听。这让小凡是哑巴吃黄连，有苦说不出。旁边的孔四怕小凡与果果的误会越闹越深，就把事情的原委与果果说了，可果果还是不依不饶。

　　果果的任性固执让单位的每个人都有点怕他，没人敢叫他办什么事，于是果果在单位变得一身轻松起来。然而让单位领导头疼的事又出现了，每遇绩效考核，按照多劳多得的原则，果果肯定落后。此时果果却理直气壮地说，你们又没有安排我做事，凭什么我次次考核都排后？一句话，不是我的责任，至少不是我的主要责任。一次原本公平正规的考核管理措施，就被果果的无理取闹给搅了局。

　　果果更加得意了，逢人就说现在这世道，做多做少一个样，我不做事，谁也扣不了我的工资奖金，这样何乐而不为呢？要怪就怪现在的管理真空让我逍遥。

十万捐款

　　一年冬天，住乡下老家的老王让在外的儿子小王有点担心。王老汉一向节俭清贫，快七十岁了，但他还种着几块地。小王每次回家，老王总说不要买礼物，带一点旧衣物就可，小王顺了老王的意，但心里总是很愧疚。这次回家小王除了旧衣物外，还特意买了一副保暖手套，价格不菲，可谓高档商品，要是善意地欺骗一下父亲说是便宜的，相信父亲一定会接受的。

　　路依旧是原来的路，干干净净的。老屋黑压压地沉寂在山后，像一个可亲的老人。小王回到老家，老王很是高兴，小王迫不及待地拿出手套，向父亲介绍说如何保暖，如何价廉物美，叫老王试一试，王老汉说自己在地里挑抬上坎，拿捏锄棒，没有穿戴的清闲时间，脸上有些不快，不过看见儿子小王至诚至孝的样子，只好勉强收下，放在了一边。老王与往常一样，上街割肉打酒，在家杀鸡炖汤，一家人热热闹闹地吃了一顿团圆饭。因有急事，小王当天就离开老家。走时，小王叮嘱老王天冷戴手套保暖。老王向儿子挥手说下次回来不准买东西，人回来就行。王老汉将旧衣物和手套送给了受了伤的邻居小吴。小吴满心欢喜，蹦蹦跳跳地拿回家去了。

　　过了几天，小王正上班，老王突然打来电话埋怨自己说又买一副手套干什么，非得叫小王把手套退回去不可。小王一脸茫然，直说不可能。老王说除了儿子还有谁呢，手套是崭新的、真皮、毛绒、充电的，儿子心想这不是跟自己上次买回去的一模一样吗？怎么又成了邮寄来的呢？实在是太奇怪了。儿子又问王老汉原来那副手套呢，王老汉说已经送给邻居小吴了。那时儿子真有点生王老汉的气，心想这么贵重的礼物竟然送了人，后来一想，王老汉也许把它当成一副普通的手套了吧。儿子试着再叫王老汉确认一下新收到的是不是原来那副，王老汉仔细看了一下，有点不确定地说很像。儿子觉得事情有点不可思议，试着叫王老汉赶紧去问一下邻居，送给他的那副手套还在不在。王老汉说世上哪有这种人，送出去的东西怎么还能去问别人呢？王老汉仍然很生气，又狠狠地责备了儿子一通。儿子只好敷衍老王说回来一定拿去退，这样时间一长，老王就把这件事搞忘了。

　　没过多久，儿子回老家出差顺便探望老王，碰到了那位邻居小吴，问起了手套那件事。小吴千恩万谢，就是不承认手套是自己寄的。小王从小吴的眼神中明白了一切，他向父亲王老汉讲明了事情原委，王老汉这才猛然醒悟，知道错怪了儿子，脸上露出了小孩子才有的难为情。后来王老汉再一次把手套送给了小吴。

　　几年后，王老汉意外身亡，乡邻都来祭奠帮忙，儿子在极度悲伤中料理完王老汉后事，正欲回城。镇上突然送来一匿名包裹，打开一看，是一张十万元人身意外险的保单。小王觉得莫名其妙，不知所以，到保险公司询问。理赔员顿觉蹊跷，认为小王图谋不轨，便报了案，后来一查，原来是一个误会，说这是一个大善人该得的回报。小王受了惊吓，仍有点不明不白，此事渐渐传开了，人们都在猜测保单是谁买的。当年春节，小吴发迹回到老家，小王问起这件事，小吴只是笑而不答。小王觉得父亲一生节俭助人，真的很伟大，想那位为父亲送保单之人更是可贵，他相信这样的人一定会得到好报。

不久，当地一家慈善机构收到了一笔十万元的匿名捐款。

我还能干几年

王老汉夫妇每天扛着锄头，拿着铁铲，干着平素的农活，好不容易培养出一个在北京工作的儿子，脸上是乐开了花。邻居们说，这下该享福了，可以到北京去住一阵了。王老汉却说，不急不急，我还能干几年，等儿子在外安顿好了再说！王老汉依旧扛着锄头，拿着铁铲，干着平素的农活。但脸上还是起了明显的变化，泛起了红晕。

一天，儿子打电话回来说，春节前可以让父母去北京一趟。王老汉满心欢喜，逢人便说要去北京。老两口准备了衣物、路费，正欲到车站购票，儿子却突然打电话说单位有急事要出一趟远差，不能让他们去北京了。王老汉脸上阴云密布，但也不好责怪儿子，只好回家依旧扛着锄头，拿着铁铲，干着平素的农活，遇见邻居闭口不谈出门之事。

儿子出差回来，心里觉得过意不去，便寄给父母一些钱，并宽慰说等下次升了职，工作空闲一点，一定请父母到北京玩。王老汉夫妇点头称是，没有表现出异常惊喜。又过了几年，儿子果然打来电话说，五一节请父母到北京游玩。这回王老汉不动声色，他怕儿子又有变故。到时闹得个众人皆知，让自己在朋友街坊、邻里乡亲面前下不了台。果不其然，五一临近，儿子突然说最近自己公司应酬多，脱不了身，叫父母改时间再来了，随后又寄了些钱物。幸好王老汉有心理准备，不过脸上还是掩饰不住内心的不快。

又是一年的国庆节，累了一天的王老汉夫妇在家看电视，一个记者正在采访市民的生活琐事，右手拉着一个漂亮姑娘的儿子突然出现在电视画面上，他向新闻记者表达了自己的心愿，说要请自己的父母国庆节时到天安门看升国旗。王老汉被儿子的话语感动得流下了泪。但他细细一想，儿子最近交了女朋友，说不定国庆节要外出游玩。王老汉预料的事情还真的发生了，当晚儿子来电话说要带女朋友到海南度假，去天安门看升国旗的事就只好往后放一放了。儿子的婚姻是大事，王老汉这样想着，心里也很平静，因为王老汉似乎已习惯了。

如此折腾了好几次，王老汉再也不提去北京之事。他依旧扛着锄头，拿着铁铲，干着平素的农活。邻居们又说，该享福了，到北京去玩几天，王老汉却说，儿子工作挺忙，我还能再干几年！

时间一晃，又过了十年，王老汉夫妇已到古稀，儿子不但没提请王老汉到北京玩，就连回家一趟都不容易了。前段时间，王老汉镇上出了新政策，农民可以买超龄保险，王老汉夫妇像热锅上的蚂蚁，心急得几天几夜没睡着觉。他们把自己所有的积蓄取出来，也没筹齐费用。王老汉想起了在外工作的儿子，欲叫他回来商量此事，同时也解两老久别思念儿子之苦。儿子回话说，自己在外已有一大家子人，回家不便，等他把妻子工作做通了就回来。王老汉夫妇欲哭无泪，不过还好，儿子虽没回来，但却把两老买保险的费用寄了回来。保险一买，王老汉夫妇分别就能领到每月千元左右的工资，心里却高兴不起来。他依旧扛着锄头，拿着铁铲，干着平素的农活，邻居们又说，现在该享福了。王老汉却说，儿子在外娶个老婆不容易，我还能坚持干几年！

终于有一天，儿子从北京回来了，不见父亲王老汉在家，母亲说，定是在门前坡上的菜地里，那菜地是他的命根子。果然，王老汉一个人蹲在田里，吸着烟，目不转睛地盯着菜地。儿子看见父亲望着菜地发呆，心里一阵酸楚，心疼地问父亲，现在不愁吃不愁穿，为什么非得自己找罪受。王老汉满不在乎地说，不要紧，我还能再坚持干几年！

这回王老汉见到儿子真的回家了，心想他定是来接自己到北京的，脸上顿时容光焕发，精神百倍。他抑制不住内心喜悦，竟然叫老伴到镇上打了一斤白酒，当天中午非得与儿子对饮，来个一醉方休。母亲见状，一阵唠叨，王老汉才打住。借助酒兴，王老汉的话就多起来了，他说自己一辈子都没有想到，在有生之年，还能像城里人一样，每月领着千元左右的养老金。他说能赶上这么幸福美好的时代，不在地里搞点名堂出来，自己就对不起党和政府。

随后又谈起了去年的收成。王老汉说，去年种的花菜，开初长势喜人，谁知中途遭了水涝受了症，还莫明其妙地得了什么病，长出来的品相也参差不齐，最终被菜贩子压了价，让自己少收入了好几千元钱，要不然到了北京，手里的钱也宽余一点。王老汉虽然一脸的遗憾，但并不显灰心，他饶有兴趣地对儿子说，咱今年准备再干一番，多种几分地。"什么？还要多种？你非得把自己累得皮包骨头才罢休吗？"不知什么时候，王老汉的老伴从后面走了过来，正好听见王老汉在谈话，她不依不饶，坚决反对，一是担心王老汉的身体，二是自己也会跟着受累。王老汉笑嘻嘻地宽慰着老伴说，咱们的国家这么好，你不是说要想看一看国家是什么样子吗，到时我带你到北京去转转，看一看天安门是什么样子，还有故宫，长城什么的。老伴一阵笑，转而愤愤地说，那都是骗人的鬼话。王老汉却很坚定地说，一定会实现。

儿子在一旁听着，鼻子一酸，真想哭，父母的话好像是句句戳在自己的心上，这几年虽说寄了些钱回来，替父母办了一件大事，买了养老保险，但却没有时间带父母出去走走，心里愧疚不已，于是暗暗下决心，这次一定把父母请到北京。

半个月的假期结束了，儿子向父亲辞别，走的时候，王老汉欲言又止，想说的话又咽了回去，转而嘱咐儿子，长年在外，要自己照顾好自己。但让王老汉遗憾的是儿子终究还是没有说出自己期盼听到的话。

儿子走后，王老汉依旧每天扛着锄头，拿着铁铲，在门前坡上的菜地里除草、翻地。他天天望着儿子离家的方向，盼着儿子的电话。一等又是十天半个月，儿子没有音信，想必一定是儿子忙忘了吧。菜地已是平整得万事俱备，只欠东风，王老汉实在是待不住了，只好到镇上的书店里转转，但什么也没找到。老板说，像这样的身体，还能干几年？王老汉咬咬牙，叹道，像我这样的老头，还能干几年呢？

没多久，儿子来电话了，说公司破产了，自己的房子也被抵押了。王老汉一脸的无奈，从此变得沉默寡言，少有出门了。

后来，人们看见王老汉依旧扛着锄头，拿着铁铲，干着平素的农活。

干一辈子老本行

　　我上班的地点离家有点远，有时上下班不得不打出租车。接触的出租车司机多了，我便发现了其中有一些司机的不当行为，比如乱停车，争抢乘客，为了赶时间而抢道行驶，甚至超速驾驶等等。但春节前我接触了一位出租车司机，他让我印象深刻。

　　那天我到所里值班，出门时间晚了，只得打出租车。我来到十字路口，好不容易等到一辆空车，可他却在我面前十米左右处停了下来，出租车司机探出头来向我招手，我怕别人把车给抢占了，只得小跑上前，气喘吁吁地上了那辆出租车，嘴里埋怨到："咋停这么远嘛！"出租车司机有点倦意地转过头来说："不好意思，那儿不能停车。"我一看，出租车司机定是上的晚班，不过精神还是有。出租车司机见我有点不高兴，急忙笑脸相迎说："师傅到哪儿？"我急切地说："拘留所，快一点，我赶着去上班！"出租车司机愣了一下说："哦，哦，知道了。"车很快驶入正道，一直跟在一辆客车后面，我感到有点奇怪，心里嘀咕道："你怎么开这么慢呢？别人的出租车都是争分夺秒，你却开得不慌不忙，是不是一个刚上路的新手？"我问道。"我都开了二十年的车了！"出租车司机有点得意地说。"二十年，是个老驾驶员了吧，一直在开出租车吗？"我有点惊讶地问。"对！一直在开。"出租车司机回答得斩钉截铁。"你一个月能挣多少钱？"我问。出租车司机迟疑了一下，有点不好意思地说："挣不了多少，我比其他出租车司机赚的少得多。""为什么呢？"我好奇地问。"这个不好说，不过他们虽挣得多，但被罚得也多，有的人搞不好还倾家荡产。"我没有听懂出租车司机话里的意思，见他确实开得太慢了便催促道："超过前面的客车嘛，不是说出租车司机车技很好，可以见缝插针，有缝就钻吗？"出租车司机有点为难地说："对不起，这条路是限速的。不过你放心嘛，保证你准时到拘留所。"出租车司机怕我担心地说。一会儿，司机放在旁边大屏手机响了，他没有接听，我以为是他没有听见，便提醒出租车司机道："接电话呀！"他仍没有接，一心一意注视着前方。这时我看见他的手机屏上显示了一排字："不望你跑多快，不望你挣多少钱，只望你平安归来，爱你一生一世的老婆。"出租车司机说："谢谢，是妻子打电话叫我回家吃早饭的！"说话间他脸上的倦意好像突然消失得无影无踪，眼神里充满了愉悦幸福之感。车又到了十字路口，刚好是黄灯，我又催促出租车司机抢在红灯前过这个路口，他却说开车习惯很重要，宁可慢三步不可抢一秒。看来这已经是他长期开出租车形成的习惯了。我感到这位出租车司机太循规蹈矩了，好像一点也不灵活，但听了出租车司机给我的准时到达的保证，我的心开始平静了下来。那天，就像出租车司机说的那样，我准时到了拘留所，司机走的时候，他递上一张名片，叫我打车的时候找他，看见他一脸的诚意，我收下了，看了名片我才知道他的名字叫格林。

没过几天，我有急事要到所里，招呼了好几辆出租车都没有停，正焦急之时，我突然想起了格林，便试着给他打了一个电话，电话里传来了一个事先设定的声音"对不起，我在开车，一会儿给你回电"。果然不一会儿格林回电话了，让我等十分钟。我站在公路边，在车流中等待着，他来了，红色的车身依旧光亮照人，一个标准的靠边停车招手动作，让我开始有点佩服。我上了车，车里的座套显得干净整洁，一股淡淡清香弥漫在车里，让我感到很舒适自然。他好像认出了我，向我打招呼说："是到拘留所吧，你不怕迟到了吗？"我赶紧说："不会，你是二十年的老出租车司机了。"车平稳地驶入车道，看着格林安安稳稳地操作，我开始对这位有着二十年出租车驾龄的司机感到好奇，我问他："这二十年来真的是一直在开出租车吗？"他很坚定地说："千真万确。"我又问他："二十年来有过违章记录吗？""绝对没有，不信你到交警队去查。"他带着肯定的语气说。看他语气坚定，我相信了。我又问："你不是说开出租车挣不了多少钱，你为何还要开出租车呢？"格林没有马上回答我，他沉默了一会才说："这个嘛，我也说不清，反正我是对这行情有独钟。但是毕竟我也要养家糊口，我的妻子经常在我耳边唠叨说我总比别的出租车司机挣得少，叫我多拉点客人，我愤愤地问她，是要钱还是要命？妻子也就无话可说。后来我妻子看到一些因交通违章而车毁人亡的新闻，受到了警示，她再也不唠叨了，因为她说怕我出事，钱挣得再多了也没用，平安才是福。"我终于明白了格林开车为什么时时刻刻都很小心，不敢有哪怕一点违章的原因了。我禁不住又问他，这二十年是怎样坚持过来的？他说早晨六点出车，晚上十二点收班，中午在外吃盒饭，有时还要上晚班，年年如此。我越来越佩服他的毅力，他的执着，二十年如一日，真不简单。想到他每天都要起早摸黑，工作又辛苦，我有点自叹不如。格林又说起曾有同学问他收入怎么样，自己根本说不出口，因为他的同学都是一些富人老板之类，根本没法比，弄得自己很是尴尬。同学出于同情问他为何不换一换工作，或者到同学的公司来上班，格林却说自己其他的不会，只会开出租车，这是他的老本行，干起来顺手，一辈子也就只干这一行了。我听了很是惊讶，随口道："一个人一辈子专注地干一行，没有其他杂念，真的不容易，不说其他的，现在就连公务员也开始出现了辞职跳槽的念头。"格林有点疑惑不解地望了我一眼说："不会吧！公务员是铁饭碗，待遇优厚，衣食无忧，怎么会想要辞职呢？唉！我就不管别的，我守着这辆出租车，只想这一辈子天天平安送客，天天平安回家就可以了。"说话间，我看得出来，他脸上溢满了一种自豪、幸福之感。

突然之间，我觉得这位出租车司机很伟大，在这平凡的工作岗位上干得那么有劲，他们没有惊天动地的事迹，他为了自己能好好地生活，只图一辈子守着自己钟爱的老本行——平安送客，平安回家，这不就是一种平凡的幸福吗？伟大的中国梦，不就是要靠这种平凡岗位的普通劳动者对自己岗位的坚守执着才能得以实现吗？想到我们这些在国家机关工作的中流砥柱，有时有一点不如意，就闹情绪，要换岗位，不安心工作，心里隐隐感到平添了一些不安和惭愧。

车很快到了拘留所，我正准备下车时，他突然问我："你是在拘留所上班吧？"我说："是呀。"他欲言又止地说："前几天，我有一个同学叫王华，是一个老板，因为酒后超速行驶出了车祸，撞了人，他被拘留了，车上的几个朋友也受了伤，幸好没有出人命。我能去看他一下吗？""没有问题！"我答应得很干脆，出租车司机很是感激。格林跟着我进了拘留所，见到了失魂落魄的王华。他低着头，一脸苦涩的样子，看见了格林说："你开了二十年的出租车，没看见你出过事，我咋开车不到一年就出这么大的事嘛。现在连过年都回不了家，唉！还是你幸福啊，一家人团团圆圆的！"听了他的话，我打量着眼前的这位老板和出租车司机格林，此时此刻失去自由的老板在格林面前显得是多么的无助弱小，而这位出租车司机在这位老板面前又是多么富有优越感，虽然他的工作很辛苦，挣不了多少钱，但他的梦想自始至终都是干自己喜欢的事业，干自己如鱼得水的专行。我开始为自己曾经催促他超车的行为感到惭愧，我已知道了格林作为出租车司机总比别人挣得少的原因了，遵守交通规则是他开出租车的原则，他不为跑得快，也不为挣得多，他只为乘客平安到达，他只想实现一个不变的梦想——在这默默无闻的工作岗位上干干净净地干一辈子。

格林见完王华，我不由自主地跟着他走到拘留所大门口，或许是出于一种由衷的尊敬而礼节性地送他，因为之前对一般来所探视会见的家属朋友，我是没有这样的举动的。当他走出大门的时候，我对这位可敬的出租司机说："下次我还坐你的出租车！"，他回过头来笑着挥了挥手，打开车门上了车，消失在茫茫的车流中。

第七辑　我的父亲

父亲的纯朴、勤劳、助人是我永远学习的榜样。
我爱我的父亲，我会记住父亲的话，走好自己
的路。

意外收获

我与妻子上街买菜或散步，路遇熟人，妻子都要抢先与他们打招呼、聊几句。我是觉得有点烦，可妻子却说，生活在这世上，总得与人相处，眼睛抬高一点、嘴巴甜一点，把笑容挂在脸上，把暖意带给别人，这样未尝不是好事，况且这样做自己既没有任何损失，还拉近了与别人的距离，说不定某一天自己还会有意想不到的收获。真的是那样吗？我在思索。

前几天，妻子与我在河边散步，突然一个清洁工模样的妇女走上前来拉住妻子的手说，没想到前些天你能当着那么多领导的面先跟我这么一个清洁工打招呼，我是万分感动，让我好几天都没睡着觉。妻子很坦然地说这没有什么呀。原来这个女人是妻子单位上的清洁工，她说有好几年都没有人那样亲切地称呼她姐了。看着那女人弯着腰，一瘸一拐地走了，眼角露出的一丝笑意，很幸福的样子，让我突然感到妻子一句很平常的称呼，就能感动一个生活最底层的人，让他感到生活充满了活力，工作充满了希望。这不得不让我对妻子产生一种敬意。

路上，妻子提到了一个朋友请客，她和同事小张都去了，那天来了几位领导，小张是异样兴奋，席间觥筹交错，小张刻意去给领导敬酒，但对桌上的其他同事却不屑一顾。这让大家感到大跌眼镜。甚至出现了同事误以为是敬自己的尴尬局面。妻子不喝酒，礼节性地端了茶敬了桌上的每一位宾客。后来在饭局结束离开的时候，几个同事都在妻子耳边说了一些愤愤不平的话，妻子只好安慰大家说，每个人都有自己的个性特点。妻子又谈起了她们单位年底民主测评的事，她装得很神秘，叫我猜同事小张的得票数。在我的印象中，小张本是很精明能干的，但在前几年的考核中，小张的票数都排在妻子之后，因此与妻子还产生了隔阂，常为一些小事与妻子计较，妻子却泰然处之，从不把那些事放在心上。但小张一直深得单位领导的赏识，我想她的票数应该不会太低吧，然而出乎我的预料，她居然排在全局职工倒数第三，这让我感到很意外。我迫不及待地也想知道妻子的结果，试着猜了一下，说约有五成吧，她翘着嘴说我太小看她了，还有点生气，说我和她在一起这么多年，对自己的妻子一点也不了解。其实我知道妻子的票数一定是很高的，她连续七八年获得的优秀公务员证书就是一个很好例证，如果一个在单位上没有得到绝大多数职工认可的人是不可能年年得优秀的。我又在想，妻子和小张都是相同岗位的普通员工，为何得票数就有如此大的反差呢？就在此时，我老远就看见小张与她的父母一起往我们这边走来，她低着头，只顾与她的父母讲话，好似旁若无人。我叫妻子躲开，妻子却迎了上去，招呼了小张并上前拉住她母亲的手问寒问暖。小张不屑一顾，面无表情。

　　看到妻子与小张的言行，我隐隐约约地知道了存在差异的原因，是的，妻子不计前嫌，有海纳百川之胸怀。妻子为什么能得到别人的尊重？或许就是她首先能替别人着想，尊重身边的每个人，哪怕是不如自己的人，对自己有意见的人，她一样地包容他们，一样地尊重他们，不另眼相看，而是始终面带善意的微笑。而小张的言行却体现出她的斤斤计较，对自己有利之人便是笑容可掬，对自己无用之人便是刻薄板脸，像这样不给自己的工作或生活带来麻烦才怪。

妻子后来说我其实有点像小张那样的人。渐渐地我发现了自己好像有着小张的影子，原来我觉得自己很有优越感，自恃人不求人一般高，我走我的路，没有必要理会别人，我常自命不凡，相信天生我才必有用，久而久之，一种傲慢的情绪在我身上开始滋长。于是目中无人，自视清高，以自我为中心，从不替别人着想，或许就成了我的毛病。我庆幸我此生能够遇到妻子这样的人，成为我的榜样。我想我会在今后的人生中改变自己。海纳百川，有容乃大，面带微笑，包容他人，这样的态度一定是今后自己工作生活之福。

我的父亲

老家门前的坡上，一棵树矗立在那里，这是父亲亲自栽种的，在父亲的精心培植下，与我一同成长。小时候我常常跟在父亲的身后，到坡上去，总要在树前看一看，培培土，除除草，施施肥，怕树长弯了。几十年过去了，它如今已长成了参天大树，父亲还是放心不下，总要用竹竿绑着镰刀去修剪树枝。

老家门前的坡下，是几块农田，是父亲劳作的场所，在那里父亲编织着全家生活的梦想，守着这几块田，精耕细作，一遍又一遍，一年又一年。劳动的时候，父亲总是把我叫到身边，对我说些耕种细节，将今年的情况与往年比较，说是种田经验，与我的学习一样，要善于总结。也许正是这样，父亲才成了这里的种田能手。梦想成真，收获越来越多，父亲脸上常常带着笑，但脸上的皱纹却越来越多。

坡前的天边，是父亲常常翘首远眺的方向。企盼着自己的儿子走出这山林，走出这个乡村。父亲对我说："种田有乐趣，有收获，但种田始终不能脱离俗气，只能解决温饱。"辛苦了一辈子的父亲，不愿让儿女们再走自己的路。父亲与自己两位兄弟的生活就是天壤之别，父亲的两位兄弟外出求学，走到了大城市，成了专家、教授，而父亲为了看守老家，只得留下来，成了朴实的农民，长年累月与泥土打交道，辛苦与汗水伴随了他的岁岁年年。

父亲文化不多，只读过小学，但总能以质朴、明理的语言来教导孩子们。记忆里小时候的我们总吵闹着要吃好的，父亲总是说要忍一忍，过一阵就好了。父亲把米坛子倒过来说："家里就剩这点米了，你们看怎么办？"开始懂事的我一看就明白了，生存都成问题，哪还有好的吃呢？学习遇到困难，父亲总是安慰我们说坚持就是胜利，只要坚持将来一定会有好的出路。学习有乐趣，也有苦闷，我有几次因为考差了的原因就产生了厌学的情绪，父亲知道了，就对我说"难道种田辛苦就不种了吗？这是我们的生存需要，而读书则是你走出农村的唯一办法，不好好学习就只能走我的老路！"我听懂了父亲的话，明白了厌学的后果，我坚持着，最终跨入了高等学府的大门；当我考入了梦寐以求的学校后，父亲就叫我们要有平常心态、不骄不躁、冷静处事，正是这种沉稳的心态，让我做事谨慎，步履小心，工作中很少出差错。这些读书学习与做事的习惯与父亲的教诲是分不开的。

父亲曾是老家这个地方的小队长，常常穿行在这里的田埂农家，常常为这里的大小事而奔波。几年前，一家年年缺粮的农户，屋漏没钱整治，父亲看在眼里，就主动为他担保贷款并动员他栽种生姜，当年就获得了好收成，如今该农民已建成了砖混结构的农家小居。为了修建延伸至村社的小公路，父亲白天晚上都去协调，为此还与自己的亲戚大吵了几回，亲戚说父亲在赔偿方面没有向着自己人，就拖着不给地，父亲硬是多次登门前去做工作，不知挨了多少骂，路终于修成了。奔波于田埂之间、调解村社家庭矛盾是父亲的常事，记得有一次，社里有人赶来说唐家湾有人打架打得不可开交，父亲二话没说就匆匆赶到，因为我害怕一个人在家里，就跟着父亲去了。父亲很认真地对他们进行了调解，我不经意听到一句"哪有父亲打儿子，儿子还要还手的道理"，我听了后不服气地插了一句反驳的话，父亲狠狠地打了我一耳光，我哭了，后来我才知道，那是父亲处理问题最基本的底线，尊重长辈是一种美德，而当年我却当着许多人的面说"为什么父亲打儿子总是对的"，父亲当然很生气。现在想来也许父亲的话并不全对，但我不该当着这么多人的面，让父亲下不了台。父亲回到家，像做错了事孩子，还一本正经地向我道了歉，现在想来真的有些过意不去。

这些年父亲年龄大了，从社长岗位退下来，但他仍不放下他的农活。每次回到老家，看到父亲渐渐苍老的面容，仍在田间劳作的身影，我都忍不住想要落泪。我想让他不要这么操劳，到城里来住住，可他总说不习惯。我在家待的时间不长，每每都是匆匆来去。临走的时候，父亲送我到小公路上，总要说一声"走好自己的路，不要在外面乱来，不要牵挂家里，常常回来就可以了"，这些话，我深深地记在心里。我仿佛看见了父亲在公路上修路的身影，因为这条路凝聚了父亲的心血，延伸了父亲的希望，那就是让我沿着这条路好好地走出去，又常常回家看看！

看得出，父亲还是不放心长大了的儿子，就像他不放心自己栽的树一样，要经常修剪，我们长大了的人在父辈面前永远像一棵需要爱护的小树。父亲的纯朴、勤劳、助人是我永远学习的榜样。我爱我的父亲，我会记住父亲的话，走好自己的路。

八十里路

　　父亲刚走，留下了母亲孤苦一人，她说要在家里陪父亲的魂，而我和哥哥都在外面上班，常不在她身边，只是寄点钱回去，时感有违孝道。母亲常年在老家，喜欢一个人独处，来打发寂寥的时间。今天是母亲节，虽说是外来的节日，但我觉得还是有它积极的一面，因为在这个日子里，你不知不觉地会想起与母亲有关的一些看似不起眼的细节，会忆起以前不曾在意的点点滴滴，这些无不蕴藏着伟大的母爱。

　　记得三十年前，我和哥哥都在二十里外的镇上读高中，我读高一，哥哥读高三。人家说我们是幸运的，因为与我们一起成长的伙伴们不是在家务农，就是外出打工去了。这里的人家都是纯朴的农民，就靠身边的几块农田生活，经济不宽裕，没钱供子女上学，再加上观念陈旧，"读书无用论"的思想在这里根深蒂固。我的母亲却很开明，让我们外出读书的决心坚定不移，平常除了种田，还做点生猪交易，省吃俭用，来攒点钱供我们上学，的确是让我们成了这里为数不多的能够在外读书的幸运儿。母亲的思想是开明的，让我们读上了书，让我们走出农村成为可能。母亲的良苦用心让我们一刻也不能放松学习，她那不知疲倦地劳作着只为全力支持我们读书的身影，常常在我眼前浮现，特别是有一件事，让我久久不能忘记。

记得一年放暑假，一大早我就准备好了从学校带回家的被子和书籍，与同学结伴而行。路上偶遇下大雨，全身都湿透了，好不容易才回到家。父亲走到我身边，伸出他那一双布满老茧的手，捏了捏我的衣服说："衣服都能拧出水啦，赶快去把衣服换了吧！""你怎么就一个人回来了，哥哥呢？"父亲疑惑地问，满脸担忧。"哥哥今天也放假了，可能是与同学一起走在后面，或许一会儿就回来了吧。"我回答道。在家里，每当我们从学校回来，母亲总是第一个从屋子里出来，帮我们卸下背上的书包，而今日，我瞅了瞅四周，找遍了每个房间，不见妈妈的身影，我禁不住问父亲："妈妈呢？""不是去接你们了吗？"爸爸反问道，神色有些不定。正当我们说话的时候，妈妈从屋外进来了，手里拿着雨伞，头发有点乱，满头大汗，裤管扎得老高，鞋上满是泥，妈妈见只有我一个人回来了，脸色一下子就变了，有些生气地问："你哥到…到…到哪儿去了？我在路上怎么没有碰到他？到学校的时候我问过他的同学说他已经走了，不会出…出…出什么事吧？"妈妈着急得连说话都结结巴巴起来。这个时候，雨越下越大，雷声轰隆隆的颇为吓人，我也开始有点担心起哥哥来。妈妈站在门口，望着黑压压的天空，看不清远处的人和树。"肯定是错过了，我得再去接宏儿。"妈妈在门口自言自语道，着急得眼里充满了泪花。说着妈妈转身回屋重新拿了一把大伞，说了一声"我去接宏儿了"，瞬间就消失在茫茫的大雨之中。爸爸在后面喊了几声也没有回应。

　　我和爸爸在家里焦急地等待着，已经过了中午，仍不见哥哥和妈妈的影子。下了大半天的雨终于停了，太阳重新从云层里露出了头，但已不像往日那样炎热。父亲也有些等不住了，起身往外面走说："我去看一看是怎么回事。"父亲站在后山坡上，望着我们从学校回家的方向，呆立了很久。我在后面看着父亲，一向沉稳的身子似乎也有些焦灼不安，我也等不及了，跑了过去，看见父亲瘦削的身影，矗立在树荫下，点点阳光照在他的脸上，突然感觉父亲的脸显得苍老蜡黄了许多。

　　"哥哥回来了，哥哥回来了。"我一下子就兴奋起来。哥哥背着摇摇欲坠的被子，手上提了一大包书，头发被雨打湿了，一簇簇立起来像刺猬，脚下一双灌满了水的胶鞋发出"嚓嚓"的声音，身影显得又矮又小。看着哥哥吃力地走在路上那种狼狈相，我赶紧跑过去，接过哥哥手中的东西，父亲也过来帮忙。"看你把书都打湿了，不知道找个地方躲躲雨吗？"爸爸好似在责备哥哥。"雨太大了，来不及了嘛！"哥哥说。"在路上没见到你妈妈吗？"爸爸又问哥哥。"没有呀，妈妈来接我了吗？"哥哥有点不相信。"你妈妈已是第二次去接你了，你还不知道吧！"说着，爸爸提起湿漉漉的被子举过头顶，往家里走。哥哥想着妈妈去接他却还没回来，就叫我和他一起去看一看，爸爸却说没有必要了，因为怕又错过了。

　　直到下午斜阳西下的时候，妈妈才拖着疲惫的身子，拿着被风吹破的雨伞，回到了家里。后来我知道了，在一个星期以前，妈妈就知道我和哥哥要放假了，她担心瘦小的哥哥有许多东西要带，怕他背不动，再加上变天了，下起了大雨，她就带上雨伞来接我们，由于我和哥哥上学的路有两条，一条是古石桥路，另一条是漫水石桥路，当妈妈第一趟来学校的时候，妈妈走的是漫水桥，而我走的是古桥，这样我和妈妈就错过了。哥哥虽然走的是漫水桥，但在途中到一位同学家躲了一会儿雨，不巧也和妈妈错过了。后来妈妈第二次去接哥哥的时候，又错过了。这一天，妈妈为了来接哥哥和我，一天从家到学校往返了两趟，差不多有八十多里路，都是因为不巧而错过了。

那时候，我们已十六七岁，父母不必要担心我们的学习生活能力，可是妈妈还是打着雨伞，走那么远的路，来为我们遮风挡雨。懂事的我们明白了父母的良苦用心，那就是让自己的儿女爱书、读书，自己吃点苦不算什么，让儿女们出人头地，过得好一点才是他们最大的心愿。现在母亲已年近七十了，我向她问起这事，母亲却说她一点印象也没有了，只知道我们在外读书，生活条件很艰苦，一个星期都吃不到一次肉，听到这话，我心里很不是滋味，几乎眼泪都要流下来了。

想想这些年我时常因为一些小事向母亲发脾气，为了顾及自己的面子，不让母亲做自己想做的事，我又是多么的不应该。现在我知道了，让她老人家随心所愿，快乐生活，安度晚年，这才是我应该要做的。

陋室装修

已有好些年没回岳父家了。

一天，岳父突然打电话来跟妻子聊起一些房屋材质与装修的事，而且还一个劲地提起一个叫"汇宇建材"的市场，一聊就是半个多小时。正值桑榆之年的岳父，渐渐地放弃了他那一成不变的节约守宅的旧观念，开始与女儿交流沟通关于装修的想法了，这让我和妻子感到非常意外。

十多年前，朴实的岳父花了血本建造了一栋三层小楼，屋子里自己粉刷的白色墙面和铺得平平整整的马赛克地面，曾是岳父引以为自豪的杰作。随着昌州这座城市的变化，岳父的"陋室"周围已渐渐地变了装束，那一座座新建起的漂漂亮亮的高楼将岳父这座小楼包围得严严实实，偶有一丝阳光从高楼缝隙间透射进来，那陈旧的墙体只有在微微的阳光照射下发出的淡红色才使这栋老楼显得有些许生气，可岳父就是在这样的陋室深居简出，享受着难得的清凉幽静，过着悠闲自得的生活。

女儿长大了，与父亲的一些做法或习惯渐渐有些格格不入，便离开了父母，自己营造了一个舒适幽雅的新家。岳父问女儿："这里有那么好的现成的房屋咋就不住呢？"女儿呵呵一笑说：

"不想打扰父亲幽静的生活"。岳父也一笑置之。后来岳父明白了女儿的话中之话，陷入了沉思："是啊，如今的年轻人，或许已经跟父辈在各种观念上有了质的变化，她们追求的居住环境哪能与自己相同呢！女儿长大了，父亲也留不住女儿了。"岳父的眼神里隐隐含着淡淡的忧伤。

岳父那一贯朴实的生活原则，造就了他处事不惊的性格。岳父依然居住在被城中高楼淹没的陋室里，孤单地过了一天又一天。然而身处的城市却一天一个样，自己一出门就很有可能已经分不清东南西北。面对身居日新月异的城市的窘态，或许岳父心中也渐渐也起了要改变一下住处环境的念头。这未尝不是这些老年人心中的时尚。也是，在这个起居环境越来越美好的世界里，谁人又能经受得住舒适安逸的环境的诱惑呢？

前段时间，妻子接到岳父的电话说要我们回家去陪他到汇宇建材市场去选装修材料，这让我大吃一惊，看来岳父是真的下定决心了。我请了假，开着车，与妻子一道来到建材市场，岳父早早地就在门口等着了。他侃侃而谈地向我们介绍起建材市场里的情况，一口气跟我介绍了几十个品牌的地砖、木地板、涂料、墙纸、门等，俨然就是一个老练成熟的建材推销商。说实在的，我真的还有点佩服岳父的记忆力，我云里雾里地听了一通，一样也没有记住。他说他自己先前已来了好几趟，对里面的各类东西是看得仔细，问得详细，已初步选好了材料，这次叫我们来是最后帮他做决定的。我看了岳父选择的建材，让我意想不到的是他选择的全部是一些价格不菲的高档品牌。我百思不得其解，岳父的转变太大了，变得那样的阔气大方。他在旁边一个劲地谈论着这些品牌的材料是如何的好，似乎已完全成了一个推销商品的说客。我本想劝他暂不做决定，到外面一些零散商铺去看看再说，但他却说："这里是渝西地区规模最大、业态最先进的综合性专业化建材市场，是重庆市政府重点招商引资项目，质量有保证，那外面的市场，说不定哪天就关门大吉了，到时候想要售后服务就只能是哭天无门了"。

其实我明白，岳父亲说的是对的。因为他是一个做事认真的人，只要是他认定了的事，就一定会执着地做好。这也是我对他最为佩服的地方。然而让我不明白的是岳父为什么突然变化那么大？一改节约守宅的常态，变得那样追求"奢华"。岳父又说他专门去找了一个二十多岁的年轻设计师，这样才能设计出跟得上时代潮流的时尚装修，即使再过十年都不会显得过时。

后来，装修设计做好了，我们发现那个年轻男孩的设计的确漂亮大方，让人耳目一新，带有电脑桌的书房、现代化的厨房和卫生间，尤其是其中一个卧室，完全是按照现代年轻人的眼光设计的，这让我和妻子有点纳闷，就问那个设计师："我爸一个老人家，用得着设计这样豪华的卧室吗？他这把年纪了，还有闲心来看书、学电脑吗？"。

"这个呀，完全是按照你父亲的意思设计的，我还简化了几个环节，要不然还要多用钱。你看，你们住的这个卧室，比起你父母住的，装修起来要多花好几倍的钱呢。其实你父亲跟我说，这次一定要把你们住的卧室装修得好一点，让你们感觉喜欢满意，就可以在家多住一点时间。唉！可怜天下父母心啊！"

听了那个男孩的话，我和妻子似乎都明白了什么，眼睛有一些湿润。

这些年来，我们为了工作，为了自己的喜好，一直在外打拼，这也许是自己不回父母家的最好借口，然而谁又真正考虑了桑榆暮年的老人的想法和感受呢？他们一辈子养儿带女究竟是为了什么呢？岳父为了让女儿回家多住一点时间，不便开口，而是把自己一生坚守的简朴节约的好习惯都改了，变得"奢华"起来，以迎合自己儿女的喜好。

后来，我和妻子决定，每隔一星期，哪怕是再忙，我们都要抽出时间回到各自的父母家中住一晚，用实实在在的陪伴来回报他们为我们付出的一切。

大伯的抗战记忆

　　大伯是一位大学教授，已七十多岁了。今年清明，大伯从北京回老家，说要把爷爷的坟重新修一下，叫我回去。我开了车，在老家的镇上等大伯。一位老人牵着一大一小两个小孩与我擦肩而过，突然大男孩回过头来用脚踢了我的车，我的脸一下子沉了下来，老人赶紧斥责了大男孩，并打了他的屁股，大男孩却愤愤地说，他开的是日产的车。一旁的小男孩却说，日本鬼子的车算什么，我以后长大了要造一个比它还好的太空车。老人一脸哭笑不得的样子，似乎再也没有责备小孩子的意思。我转念一想，小孩的话又何必当真，毕竟是童言无忌，谁叫我开的是中日合资品牌的车呢！

　　正巧这时大伯来了，看见刚才那位带着小孩子的老人，似乎若有所思，问我是否认识那位老人。我感到有点奇怪，大伯怎么会莫名其妙地问起那样的话呢。一路上，大伯对沿途看见的老家种种变化感到非常惊讶，继而又说对刚才的那位老人很眼熟，但就是想不起是在哪里见过的。我向大伯提起小孩的事，大伯却笑着竖起大拇指说，小男孩有骨气，他的想法很好。我却不以为然，甚至对小孩子的行为有点反感。大伯感叹道，现在日本的一些车的确比国产的先进，我们当中的一些人却没有危机感，所以出现了青年人不如小孩子的现象。我不知道大伯是不是意有所指，也许是自己对号入座了吧。随后大伯给我讲起了当年他和爷爷在小镇经历的一些抗战往事，这也是我第一次听说。

抗战的那些年，大伯与爷爷住在老家的镇上，那时小镇名字还叫火烧店，街道不长，约有300多米，两边是木质结构的窜架商铺，从镇头一眼都能望到镇尾，居民不多，也不富有，多是一些种粮户，镇上没有电灯，使用桐油照明，完全是一副古老村落的模样。大伯说那时他才8岁，爷爷是镇里的一位很有资历的长者，很受当地老百姓的爱戴。那时鬼子已占领了武汉，飞机没日没夜地轰炸重庆，有时在镇上都能看见日本的飞机在天上飞，居民个个人心惶惶，当时还是个孩子的大伯更是害怕被鬼子掳去。爷爷为了安心做事，几次把大伯送回乡下，大伯却都又跟着爷爷回到了镇上，因为在他的心目中，爷爷从来不怕鬼子，只有跟着他自己才会很安全。

爷爷长得高大伟岸，在那动荡不安的日子里，仍旧显得很镇定自若，每天还到镇上挨家挨户安抚和动员大家，说大家要逃也没去处躲藏了，现在大家能做的是积极行动起来，支援前方抗战，日本鬼子快要完蛋了。在爷爷的鼓励和感召下，镇上的一百多户人家再也不怕了，他们家家户户都拿出了值钱的东西，什么铜钱、大洋、布鞋、鞋垫、草鞋等，纷纷交到了乡里让爷爷托人带到前线。

那时镇上的人们开始显得异常团结，只要爷爷说一声有什么需要，大伯就与小伙伴到镇上传话，镇上的人都是争先恐后地响应，不讲任何条件。火烧店上的居民本就不多，自从听说鬼子占领武汉后离重庆不远了，大家就觉得在哪儿都不安全，镇上一时有点乱，晚上还常有小偷趁机行事，后来大家看到爷爷还在镇里不慌不忙地办事，心就平静踏实多了，于是镇上居民就自发地组织起来，拿出桐油马灯，主动开展治安巡逻，直到夜深人静，后来镇上秩序井然，东西再也没被偷过。在那段极不平常的日子里，大家都时不时地跑到爷爷处问有没有事情要做，其实爷爷知道，大家都想为抗战尽点心、出点力，好早日打败鬼子，来保全家乡，保全家人，让这里永远成为保家卫国的后方。大家的迫切心情让爷爷很是感动，他觉得只有更加努力工作，尽心办事，才能对得起火烧店上的老百姓了。

　　一天，爷爷突然胸痛，咳嗽不止，他以为是风寒感冒，就没多加注意。后来，全国的抗战形势出现了转机，爷爷深信不疑地感到打败日本鬼子的日子不远了。此时他的病情却开始逐渐加重，似有一发不可收拾的趋势，然而爷爷却仍在他人面前装着若无其事的样子，脸上依旧是坚定自信，给人以力量。一天快半夜，从重庆传来了日本投降的消息，爷爷立刻从床上爬起来叫醒大伯一起挨家挨户去敲门，他激动地高喊，日本鬼子投降了！日本鬼子投降了！大家快起来！大家快起来！听到这激动人心的消息，家家户户不管是男女老幼，个个都是互相拥抱、号啕大哭、欢呼雀跃，高呼着"我们赢了，我们终于赢了"的话。那时火烧店整个镇上齐刷刷地点亮了各式各样的油灯，把整个镇照得透亮，也许是这些举动还不足以表达人们的激动心情，他们又点起了火把，成群结队地从街头游行到街尾，短短的三百米街道，像一条火龙，仰起高昂的头，吐出长长的火舌，蔚为壮观。欢庆的人们泪水打湿了脸颊，脸上裹着油灰，像是故意涂抹的装扮，无论是镇上的住户，还是附近的乡亲，个个都想要在这欢庆的时刻，争着表演节目，表达自己的喜悦。

抗战胜利的日子，镇上的人们个个是扬眉吐气，然而让大家意想不到的是，爷爷却一病不起，开始咳血，请了好几个医生来诊治，都诊断不出病因，在大家还沉浸在抗战胜利的喜庆之中时，爷爷就悄无声息地离开了人世。大伯说其实爷爷的病就是肺结核，现在早已能够医治了，可惜爷爷没能赶上现在的好时候。说到此时，大伯的眼睛湿润了，他叹道，爷爷活了一辈子，什么福也没享受到，就连去世后埋葬的地方都没能好好地选择，以至于后来我的父亲都找不着爷爷的坟，因为爷爷去世时，我的父亲才一岁多。说到这里的时候，大伯好像记起了什么，他说刚才遇见的那个老人不就是自己儿时在镇上的玩伴吗？当年他最喜欢与自己做手枪打鬼子的游戏，只是老了，记忆有点模糊。与那位老人的擦肩而过或许成了大伯的终身遗憾，因为在大伯回北京之前再也没见到那位老人了。

我听了大伯的讲述，真有些佩服大伯的记忆力，七十年前的事，大伯仍然还能记得那么清楚，想不到老家的小镇还有这样的抗战历史。此时我发现在大伯的眼神中隐隐约约地透露出一丝忧虑。大伯说今年是抗战胜利七十周年，我们不能忘记那场战争，当一个国家面临强敌入侵的时候，光有抵御外辱的热情是不够的，我们还必须要有真正的实力，依靠科学技术，强大国防才能保国安邦。我们虽然已总结出落后就要挨打的历史教训，现在我们国家发展了，但是我们当中仍有一些人为当前取得的一点成绩就沾沾自喜，甚至不思进取，空有一番爱国热情，甚至打着爱国的旗号做出一些过激行为。

听了大伯的话，我有些感触，在几十年前，爷爷的病不就是肺结核吗？可是当年的中国就是不能治疗，医学技术落后是病根之一。现在我们的科学技术发展了，但是有些方面依旧不如别人，日本是战败国，为何日本的科技依旧在世界上处于领先地位？他们造的车辆年年都在变化，创新是关键。前事不忘，后事之师，我们再也不能学大男孩那种愚笨的莽撞行为，只有一番憎恨敌国的盲目爱国之情是不够的；我们要学小男孩的创造性思维，要从科学技术上有所超越，那才是高明之举，我想，这才是大伯的真正所指吧！

老家的小镇——火烧店，也许只有这曾经的旧名，才能让人想起这里也曾是抗战的后方，只是没有留下过多的痕迹罢了。

儿子的笔

儿子是我的宝贝，我常送他去上学。

在上学的路上，每每都要经过一个小百货店。那里经常是聚集了很多小朋友，争着买各种文具玩具等。儿子也不例外，不过我发现儿子到店里总是买笔，这让我放心了许多。然而后来让我渐渐生疑的是，他买笔的频率实在是太高了，经过观察，我终于发现儿子的小聪明，他是把买笔当成一种收集玩具的乐趣，因为家长不会觉得买笔是无理的要求。笔本来是用来写东西的，他却把它当成了玩具，这让我有点生气，那天我狠狠地批评了儿子一顿，儿子的举动收敛了许多。

现在的笔制作得越来越精致，有些看起来确实很像玩具，这也许是文具厂商的精明之处吧。儿子对笔的痴迷，也许就是源于玩具的诱惑，无可厚非，这让我想起了孩童时的一些事来。

小时候的我对笔有一种莫名的喜好，最初学习用的是铅笔，当时就只有两种铅笔，一种是带橡皮头的，一种是光头的。那时只要是得到了有橡皮头的铅笔，我就会百般珍惜，因为上面有色彩绚丽的花纹，美丽小巧的动物，我简直就是把它当成自己拥有的一种宝贝，珍藏在书包里，平常还可以作为在同学面前炫耀的玩物，不过这样的玩物是不会轻易拿出来的，因为一只这样的笔要比光头的价格贵得多，家里根本就舍不得买，父母偶尔才满足一下自己的要求。记得当时父母给我买了一只漂亮的带橡皮头的铅笔，我一学期下来没有舍得用一次。有一年期末的时候，由于自己成绩很好，老师发给了我两只铅笔作为奖品，我一看是光头铅笔，感到很失望，要求老师用两只换一只带橡皮头的铅笔给我，结果老师狠狠地批评了我，弄得班上同学哈哈大笑。

知道了笔的珍贵，也知道了笔的作用，可以写写画画。天生我就胆小，很多事情不敢与老师说，也不善于与同学交流，就装在自己的心里，但久了还是有郁闷的时候，就用小小的笔写在纸上，发泄一下心中的不快。有时同学无意中发现我在写什么，想要看，我坚决不同意，为此我还与同学发生了争吵，因为这是自己心中的秘密，怎么会让他人知道呢？后来我就没有当着别人的面写了。

那时候用的是铅笔，当到了可以用圆珠笔的时候，我发现圆珠笔更像是一种精美的工艺品，对它们更有一种爱不释手的感觉。然而对我来说那些各种样式的圆珠笔就是一种奢侈品，我只能用简易竹筒装笔芯。看到同学买来的闪闪发亮的圆珠笔，更是让我羡慕得挨着同学坐了好几天，目的就是想多看几眼那精美别致的圆珠笔。

后来可以用钢笔了，我们感到很自豪，因为父母常常在我面前说他们从来没有用过钢笔，在父母的心目中，钢笔就是知识分子的象征，同时也是我们进入高年级的标志。让我最不能忘记的是初中毕业的那年，中考成绩下来了，老师带我到县教育局核查中考加分的情况，因为作为一个农村的孩子，当年我被评为市三好学生，中考成绩是要加分的，所以学校非常重视，就派了老师带我到教委核实，结果我如愿得到了加分，这也许是我一生当中比较高兴的事之一。那天老师也很高兴，特意带我到县城的一家大型商店，他问我喜不喜欢笔，我说喜欢，而后他就到了专卖文具的专柜前，精心为我挑选了一只很好的钢笔，是红色的，也许那是我拥有过的最好的一支笔。记得老师买下它送给我时，他说了一句："这支笔送给你，你要把它好好掌握在手中，望你写出自己的精彩人生。"

意想不到的是那天回家后，我却发现笔不见了，我发了疯似地找了好久，仍没有找到。此事我没有告诉老师，也没告诉其他任何人，它埋在了我的心底，成了我永远的痛。但虽然笔不见了，但老师的鼓励，老师的殷切期望永远都留在了我的心间。正是此事，让我得到了人生路上的警醒，我重新买了一支普通的钢笔，我知道哪怕是用最普通的笔，只要握得紧，树立人生的信念，就能够谨慎地写好自己的人生。

如今看到儿子经常买笔的举动，我知道他或许是出于对玩具的喜爱，出于爱玩的天性，与我当年对笔的珍惜完全不同，毕竟儿子还小，有他天真的一面，玩东西是他的天性，但我相信要是儿子能体会当年父辈的学习生活，也许他会知道父亲的苦心的。

翱翔天空的雄鹰

　　岚儿！在这春暖花开的日子里，偶然间回首，你已走过了十八个春秋，最美好的童年时光已成为了过去，但童真童趣依旧在你身上有所体现。我知道这是你对时光的留恋，是的，每个人都会有这样的感觉，这并不是坏事，因为只有懂得留恋过去，才会珍惜回忆，把握当前，创造更美好的未来。也许在你的记忆中，有父母对你的褒奖和鼓励，然而更多的却是苛刻的要求，让你的童年蒙上了一些不快，这是我们做父母的感到愧疚的地方。不过我知道这些不快你都一直掩饰在你的内心里，小心翼翼不让我们觉察。其实父母一直都看到了你懂事坚强的一面，从玉屏小学假期到綦江户外体验、在巴川中学时期的独立、到西大附中时的个性体现，让我们知道了你是一个有想法、敢担当的男子汉。

　　岚儿！我们知道，你一直想成为一个出色的人，从小便立志高远。虽然有时没有达到自己内心的预期，但你还是没有气馁，依旧是信心十足，这说明你有了敢想敢做的勇气，有了面对挫折的心理准备，这也是父母十分欣慰的地方。残酷的现实与过高的期望，曾让你的积极性受挫，不过这没什么，因为人生本来就是一条弯曲的路，路是人走出来的，只要你发挥聪明才智，迈开你的步子，不要怕吃苦，在自己的加倍努力下，相信你一定会到达理想的终点。父母曾经也担心过你是不是还不够努力，但当我们看到你每次回家时那疲惫不堪的眼神，我们的怀疑就消失了，因为在我们心中你就是一个诚实进取的孩子，在学校里一定足够努力了，我们的怀疑本就是多余的。不过我们还是要提醒你，在通往成功的路上可不要偷懒睡觉哟！

岚儿！18岁是什么？是一个分水岭，是大人与小孩的分界线，如今你已为了一个小大人了，做什么事都要思虑再三，要对自己的做出的每一个选择与决定负责了。成绩固然重要，但为人处事之道也很重要，因为你即将踏入社会。当前最重要的就是你要对你自己的学习负责，对将来的选择负责。做好思想准备，迎接高考挑战，做出一个最出色的自我。记住！向着自己的目标前进，只要努力了，明日的灿烂辉煌一定等着你。不想迈上"少壮不努力，老大徒伤悲"的遗憾道路，就必须加倍地付出，辛勤的汗水是与收获成正比的，吃得苦中苦，方为人上人，这样的道理，你一定会懂的。

岚儿！今年开学，当父母送你走出家门的时候，我们看到了门前树上的小鸟，正扑腾着稚嫩的翅膀练习飞翔，它们中不少是刚出窝的雏鸟，它们是那么的勇敢，学习着不依赖自己的父母，独自飞翔去觅食。如果它们只迷恋鸟窝的温暖，幻想着、等待着远去的父母无私的恩赐，到头来，它们不是被饿死、摔死，就是在等待中绝望死去。我相信我们的岚儿不是迷恋鸟窝的长不大的雏鸟，而是翱翔天空的独自狩猎的雄鹰。

最后，赠诗一首，望共勉：

成人节上立誓言，铮铮男儿莫等闲。争分夺秒冲在前，六月高考美名传！

妻子的唠叨就是福

　　前些日子，妻子的情绪有点低落，我问她是什么原因，她却一直沉默不语。我知道她是一个不喜欢把工作上的烦心事带回家的人。但近段时间，妻子话多起来了，近乎唠叨。说的那些话，以前似乎没有过，我感到有点异样，甚至还感觉到有点厌烦。比如我一出门时她就会对我说"少在外面吃饭""不能酒后驾车""不要在茶馆酒店玩牌娱乐""不干不净的东西坚决不能要"等。开始时，我觉得似乎很平常，也就没有重视，但妻子时不时地对着我说出那样的话，我开始有所觉察，她应该是意有所指的。后来妻子突然又向我说起了她们单位上的一些事，诸如一些人不择手段争强好胜，为了一些蝇头小利欺上瞒下，一些人又被纪委带走了，一些人被判了刑，问我怎么看，我说这些事情反映了一些部门的确存在一些乱象，治一治也是好事。我知道"良药苦口利于病，忠言逆耳利于行"的道理，知道妻子这些唠叨是为了让我有所警醒，我想妻子也是好意，也就没有多说什么了。但妻子并没有发现我有所领悟，好像对我有点失望，仍然时不时地对我说着那些话。

　　一天，妻子约了她的一个同学吃饭，叫我一定参加。我去了，地点在一个很雅静的地方。她那位女同学带着她的儿子，显得小心羞涩。妻子特别嘱咐我说不要在她儿子面提起他父亲的事。我不知所以然，也只好照做。其实桌上我一言也没有发，只管吃桌上的菜，偶尔听见她同学诉说一个人带着孩子的苦，忧伤的眼睛含着点泪花。孩子更是天真说着他爸爸曾说要带着他天南海北去旅游。我终于有点明白了，她的家里一定发生了什么，只是这个小朋友还不知道而已。在我们回到家的时候，妻子向我说起了她同学的遭遇，他们原本是一个美满幸福的三口之家，因她丈夫误入歧途，自毁前程，毁了他自己，也毁了家庭，最糟糕的是她的儿子仍旧还蒙在鼓里，像从前一样的天真烂漫，一样地梦想着爸爸会带他到最蓝最蓝的天边。而她丈夫年迈的父母依旧在偏远的山沟里种着农田，凄惨无比。妻子的同学说她现在很后悔，也许是因为自己的爱慕虚荣才导致自己的丈夫走向了犯罪的深渊。因为丈夫曾经的一些有违规违纪倾向的行为没有得到自己的怀疑、指责，反而一味地称赞、褒奖。就像小孩偷拿别人的玩具回家没能得到父母的批评指正或装着没有看见一样，这样的孩子长大了多半都会做出偷东西的违法行为。这是孩子父母的责任，要是她的父母立即指责或正确引导，他也许会是一根好的苗子，能够成为国家的栋梁。妻子很惋惜地说她同学知道这样的道理时也许已经晚了，但妻子很坚定地说自己绝不会允许那样的事情发生。

我对妻子说的话仍然感到有点纳闷，我前思后想，自己也没有做过亏心的事呀，这时妻子终于忍不住了，说起了前几天发生的一件事，当时我给单位用公款购置一样东西，正值销售单位搞促销活动，赠送了一样小东西，虽然不值钱，我却私自把赠品拿给了一个小朋友当玩具。听了妻子说的，我不以为意，认为这样的事太平常不过了，能有什么大的影响呢？自己没贪没腐，有什么值得警惕的呢？妻子却发火了，狠狠地批评了我一顿，她自己却哭了起来。我知道妻子是认真的了，她的心思我已体察到了，也许是她出于职业的敏感，出于亲人层面的担心，出于一个妻子对丈夫的关心和真爱。她希望家人工作顺利，一生平安，她不希望自己所爱的人出任何差错。她没有理由不在自己的丈夫面前唠叨，用言语敲打自己的亲人，时常提醒在外工作的我。

　　我渐渐地明白了妻子情绪低落的原因了。俗语说："常在河边走，哪有不湿鞋？"但是只要有人不厌其烦地提醒自己，他一定会远离河边的深潭，他做事一定会警言慎行，不是吗？如果面对看不清的深潭，往前走一步就会是万丈深渊，退一步却海阔天空，谁又不想走平坦安全的道路呢？这就是旁人提醒的力量，但也有不听劝告一根筋走到底的，那他一定会撞得头破血流，最终下场也会很惨。一个人在不知不觉中起了一点贪念，是很难自我纠正的，或许有时自己根本就没有意识到它的危险性，这就叫当局者迷，旁观者清。但一个人只要品行端正，为人正派，在自己偏离轨道的时候，哪怕是有人旁敲侧击地暗示一下，他就会及时地把伸出去的手脚缩回来，一个有道德有素质的人会因此而断了继续犯错的念头，认识到自己的错误，那样才会行得正，走得直。当然怕就怕人有那样的贪念，没有真心实意的人来提醒自己，那样他很可能就会一条路走到黑，前方等着他的就是死胡同。

妻子的唠叨不就是一种善意的提醒吗，不就是对我起到了一种警钟长鸣的作用吗？勿以恶小而为之，勿以善小而不为。在工作中，偶尔占点小便宜，贪点小零头，吃点小回扣，有人觉得这没有什么，但长此以往，就会铸下大错。千里之堤，溃于蚁穴，漏洞大了，再想弥补就补不起来了。越是细小的事情，不起眼的细节，越容易被忽略，要及时地在细微处发现毛病，指出毛病，纠正错误，才能避免酿成大祸。我想妻子近来如此爱唠叨，也就是想做一面镜子，时常提醒自己的丈夫，廉者不受嗟来之食，要干干净净做事，正正派派做人。

后来妻子又问我："生活了几十年，你觉得幸福是什么？"其实这个问题既容易回答，又不容易回答。因为对每个人来说，幸福都是一种不一样的感觉。在这个世界上的每个人，他们的经历、处境都不一样，他们对幸福的感觉就不一样。但我知道妻子想要我回答什么，从她带着我参加与她同学的那次饭局的事情，我就明白了她的心思。一生中再苦再累也不怕，只要家人团团圆圆，平平安安，就是最大的幸福。是啊，我们现在不愁吃，不愁穿，一旦一家中有人失足走上了歧路，哪还谈得上幸福呢？

我终于明白了，妻子的唠叨就是我的福，也是我们全家人的福，我为我有这样的妻子感到骄傲。

《棠味》后记

　　漱溪涟漪，海棠花开，棠城趣事多。我从小就对棠城及周围的事物充满了好奇，我想感知这里不一样的风景，体会不一样的味道。用眼睛观察，用耳朵倾听，用心记录，生活中的点点滴滴都成了我的关注点。起初，我想用一两句话把它写下来，以勾住我的记忆，留住先前的美好，但随着自己接触的事物越来越多，想法也越来越深入，先前的语句早已不足以概括我的思绪，我怕失去它们，于是我就学着写短节，把一些工作、生活、出行的细节写下来，越写越细，越写越多，想让生活中那一个个美妙的瞬间成为永恒。曾有文友告诉我，你写的这些虽不是经典，但拼凑起来，也算是有光点的美文，我有点不信。

　　带着友人的鼓励，我尝试着用笔墨延伸生活中的闪光点，渐渐地我发现这些文字成了我精神上的食粮，让我的思想开始丰富起来，我更有了寻找身边的人或自然中的闪光点的劲头。我开始在文字中寻找放飞自己心情的空间，将自己人生的阅历沉淀其中。在后来的人生旅途中，每每疲倦困乏时，我便走进自己创造的文字空间里，回头浏览一下最朴实的生活，那些凡尘喧嚣之事便隐隐退去。因为在这些话语中，我能看到曾经在遇到坎坷时是如何给自己合理的解释，同时又给自己前进的动力。虽然涉世之前我把身边的社会想得很美很甜，入世后才知道现实与梦想有着天壤之别，我渐渐感觉到如果自己不在纷繁复杂的世界中寻找自己的人生坐标，找好自己的定位，也许就会像一只无头苍蝇，到处碰壁。我看到了现实，我体味到了生活的历历艰辛，阅历让我从世俗的阴影中走出来，我暗暗起誓：我要做一个完全独立的自我，我要让我的文字随时鞭策自己，让自己的出行、生活、工作、学习中的每一步都有实在感。我不再那样求全责备，我不再想象身边的人和事都那样完美，踏实做好每一件事才是心灵最好的安慰。于是我便时时用手中的笔记录人生履历，说的是心里话，留下的是人生感悟，从中发现生活的闪光点，激励自己前行。

直到有一天，我把堆砌的文字发给区作协郭凤英主席，她说可以将这些人生感悟归结成集出一本书，我的内心是激动的，因为得到了肯定。于是我鼓起了勇气，与出版社联系，幸运的是我得到了肯定的答复。我本想以《海棠花开》一题作为书名，后来我与编辑反复斟酌，最终决定以《棠味》为这本作品集命名。在此，我想要感谢中国作家协会会员、中国当代诗歌奖评奖委员会主任、《中国当代诗歌导读》主编、《中国年度优秀诗歌》主编、国际诗歌翻译研究中心荣誉主席唐诗先生为我作序。同时我也要感谢重庆市荣昌区作协主席郭凤英女士、荣昌区国学研究会主席吴洪女士的鼓励和各位编辑的辛勤劳动，有了他们才有此书的顺利出版。以后我将笔耕不辍，勇往直前，努力写出更多更好的作品与大家见面！

邓义坤于荣昌2018年8月22日